夏韻芬
樂享人生提案

迎向AI時代的**全齡理財**建議

夏韻芬——著

目錄

第二部 新人類成家解方

第三部　規劃全齡財富藍圖，打造未來之路 123

自序

搭上科技的列車，找到屬於自己的幸福方向

正當AI風起雲湧的浪潮中，我們要學習兩件事，一是AI教會我們的事，二是AI不會教我們的事（人類的事）。

從手機助手到財務規劃工具，生活周遭四處都有AI的蹤影，它不僅讓我們更有效率，也悄悄改變了我們的思考模式，正因為AI的強大，它正在拉大人與人之間的差距，讓強者更強，弱者更弱。

想像一下，有兩個投資人站在AI時代的起跑線上：

第一位投資人懂得問問題，他利用AI篩選市場資訊，分析AI提供的數據，判斷風險與機會。他就像是精明的基金經理人或是操盤手，利用導

航工具掌握方向，可以想見他運用AI洞悉趨勢，降低搜尋成本，讓自己的財富穩健增長。

第二位投資人完全依賴AI的建議，他不問為什麼，只關心答案是否快速，甚至將決策的權力完全交給機器。結果當市場劇變，AI出錯或數據有所偏誤的時候，他不知所措，陷入虧損，甚至無法理解自己錯在哪裡。

這兩個人，使用著同樣的工具，但所得到的結果卻是天差地遠。

AI一直在進步但這其中也有不完美的地方，畢竟工具再先進，若缺乏判斷力與批判思維，人類還是可能被科技帶著走，甚至迷失了方向。因此，在AI時代，「問對問題」與「判斷資訊的準確性」兩種能力就變得前所未有的重要。

這讓我想起《論語》中提到的五個層次：「博學之，審問之，慎思之，明辨之，篤行之。」博學之，我們需要廣泛學習，不讓知識侷限於某個領域，才能看懂AI提供的資訊背景。審問之，學會質疑與提問，不滿足於表面的答案，而是深入理解背後的邏輯與假設。慎思之，反覆思考不同的可能性，而不是輕易相信演算法的推薦。明辨之，培養分辨真假與對錯的能力，特別是面對AI可能出現的偏差與錯誤時，仍保有清晰的判斷力。篤行之，最終，將思考轉化為行動，勇敢做決定並承擔結果。畢竟AI是工具，但真正讓它發揮價值的，是我們的頭腦與內心。

或許有一天，人類會過度依賴AI，讓機器代替我們思考、決定財務的投資計畫，如同很多人期待AI可以事先預測地震，又或是可以提早知道台積電的股價上漲，甚至還有夢中情人、勞務機器人可以陪伴我們。甚至在今年，AI代理制度也即將問世，只是再先進的科技，可以完全取代人類的思考以及人與人之間的溫暖陪伴嗎？

AI可以記住我們的生日，但它不會像射手座的兒子帶給我驚喜，AI可以為我們準備咖啡，但它不會像朋友一樣，靜靜坐在我們對面，聽我們訴說心事。科技的確讓生活變得便利，卻也讓人陷入一種錯覺：我們似乎不再需要等待，不再需要忍耐，不再需要經營，因為AI隨時待命，可以立即滿足我們的需求。

但人類的情感，正是藏在那些不完美裡。

是一杯手沖咖啡等待萃取的時間；

是一場爭吵後終於和好的擁抱；

是一句「我負責」所承載著千言萬語。

當AI強大得讓人敬畏，當機器能幫我們解決金錢的問題，我們會不會忘了最重要的事情：為什麼賺錢？我的人生各項目標達成了嗎？

賺錢是工具，不是目的。為孩子存教育基金，是為了讓他們有更多選擇；規劃退休金，是為了老後不為生活焦慮，更是為了將來能靜靜地坐在陽光下，喝杯溫熱的咖啡。這些人生的目標，是AI無法替我們設定的。投資不是數學問題，幸福不是靠計算出來，而是生活出來的。期待這本書可以在AI快速發展的期間，讓大家在學會運用AI之外，也同時重視思考與生活的美好。

本書有樂享人生的核心提醒，包括財富自由、時間自主，以及心靈的富足。財富自由讓我們擁有選擇權，時間自主讓我們享受每個瞬間，心靈富足讓我們走得踏實且快樂。樂享人生的關鍵態度，還要有平衡的視野，這是人生重要的阻尼器，因為真正的幸福不是極端追求某一面向，而是找到財富、時間與心靈之間的平衡。我們努力賺錢，但也要懂得花時間陪伴與放鬆；我們追求成就，但也要給自己空間享受生活的溫度。

樂享人生不是偶然的結果，而是有意識的選擇與規劃。我們需要透過財務管理打好基礎，透過時間規劃創造價值，透過旅行以及種種善待自己的方式讓內心更豐盛，才能真正實現夢想中的生活。

這是一場關於知識與智慧的競賽，更是一場關於選擇與行動的旅程。AI是工具，但人生的主導權仍在我們手中。本書不只是一本關於財務規劃的指南，更是一場思考與行動的邀請。我希望透過這本書，帶領讀者找到屬於自己的幸福方向，搭上科技改變世界的列車，大家都能夠穩健前行，樂享人生。

書寫這本書的時候，正逢AI話題熱潮，市場經濟發達，演講、主持的邀約不斷，然而，彼時我的身分跟人生意義也有了改變，加上母親生病，書寫不但是我前線觀察的使命，也成為我療癒自己的良方。我永遠感謝此生有機會跟自己的孩子相遇，並且一起活在這個世界，更奢侈的幸福，是看到孩子的孩子出生，用片段的時間拼出緊湊的生活節奏，是當代人骨感的現實，然而真正的幸福，本來就不是計算出來的數字，而是活出來的生活點滴。

寫於時報五十週年之際，有幸為時報人，充滿對於過去的感恩與未來生活的期待。

第 1 部

AI 投資的年代，神話與現實的碰撞

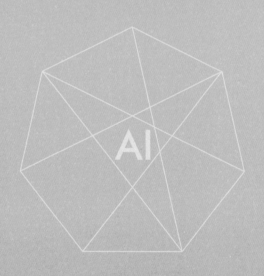

我曾經問過我的學生，期待什麼樣子的AI智能理財？有人說希望AI機器人可以比他聰明，知道台積電股票何時才能賣，因為他的台積電只賣在五百元，他一直很懊悔沒有賣在一千元或是最高點。也有學生告訴我，希望AI機器人可以告訴他何時是谷底可以買台積電。最絕妙的同學是希望AI機器人告訴他某一檔股票何時可以買？何時可以賣？這樣，他就可以時時有錢賺、不用工作，享受快意人生。

當我詢問ChatGPT「何時可以買賣台積電的股票？」它的回答是：

A：回答「什麼時候可以買台積電」或「什麼時候可以賣台積電」這類問題，確實是投資中最困難的部分之一。我的回答會考慮到一般的投資原則，但很難提供一個「絕對精準的時間點」，因為股價受到多重因素影響，包括市場情緒、經濟數據、行業趨勢等。

A：你可以問問這位年輕人：「如果市場上的AI真的可以每天準確告訴你買賣股票的時間點，那麼這套系統為什麼還要賣給你？留著它自己賺錢不是更好嗎？」

近年來，隨著AI（Artificial Intelligence，人工智慧）技術的快速發展，許多人開始對AI投資機器人寄予厚望，期待它能「預測未來股市」，告訴我們什麼時候可以買賣，甚至幻想每天能夠穩穩賺錢，讓每個人每天「坐以待幣」（人在家中坐，錢自天上來），不用工作便能財富自由、享受快意人生。但這樣的願景真的能實現嗎？

AI的未來神話

AI時代來臨

有人說我們已經進入AI時代，因為運用AI來開發新藥、無人駕駛技術，或是運用AI來進行生活服務的AI客服、AI機器人理財，這些技術或場景都正在實現中。但事實上我們正處於AI的「中間時代」，也就是未來充滿可能性，但還沒有完成技術、發生效益的中間時期。中間時期可說是一種過渡，在這個時候人類更需要理解與學習AI技術的發展，因為它將會大大的改變我們的生活習慣與模式。

科技持續的發展與演變，將會加快階級、世代的落差，甚至是貧富差距。

就像我們小時候爬樓梯上樓，現在則有手扶梯、電梯，再也不用爬得氣喘吁吁；以前不會看地圖的人無法前往國外自助旅行，但現在人人都有手機導航，不熟悉的地方也能按圖索驥。如果你從現在開始學習技術面、籌碼面、基本面的股票知識，準備進行存股投資，但同一時間，已經有人利用電腦的快速程式交易來賺錢，甚至可以花費一點四億元買一顆棒球，這項交易除了顯示買家對棒球的熱愛，更讓人吃驚的是其所擁有的財力。

我學得會？跟得上嗎？

如果你拒絕隨著AI時代到來的新科技，也可能帶來生活上的壓力。之前我跟彭淑美教練在古亭捷運站附近的教室上有氧課程，周邊一家麥當勞是我上課前覓食果腹的好去處。某一天，當我進入店裡，發現大家都在三台點餐機器前面排隊點餐，我站在其中一位中年婦人的後面，她一邊滑動螢幕一邊喃喃自語：「咦，怎麼不見了？」或是「唉呦，怎麼結帳……」我們這一列的前進速度變得很慢，於是站在櫃台的年輕工作人員親切的詢問：「請問有人需要協助嗎？」而我則是默默地離開隊伍，因為看著這位女士的操作，我真的不覺得自己可以順利點餐，心裡有點害怕，也擔心後面排隊的人的眼神。雖然我看不到，但腦海裡已經可以想像出那個畫面。

之後，我走到下個路口的便利商店，買了飯糰跟咖啡。店員問我，要不要加買一杯咖啡，有折扣喔！我帶著終於可以跟人對話的滿心歡喜，等待結帳時，碰到一起上課的同事費容也來購買輕食，於是想要幫她結帳。她是我工作上的得力助手，我們共事近二十年，情同家人，當然要上演一下互搶付帳的戲碼，沒想到，她拿出手機支付，嗶一下就成功了。我搶輸她，除了面子上不好意思，裡子上我也輸了，她是年輕人，我是老人，這種世代的差距感令我感到挫折。

每當新事物出現，我通常不會立即參與其中，需要有強大的動機跟誘因才能讓我開始行動，我是在二〇〇七年成立了中廣「理財生活通」節目的臉書粉絲專頁，在所有主持人中是最後一個。其實，若非公司規定，我希望成立時間再晚個幾年，甚至完全不會成立，因為當年臉書盛行時，兒子根本不教我，也擺明了不會加我為臉友，讓我失去了最大的誘因。後來，我想做一個非正式的研究，計畫寫一本書，書名正是「沒有臉書的生活」。在此之前，我的確沒有臉書，也沒有用其他帳號來瀏覽朋友的狀態。我希望能夠寫出沒有臉書的生活、閱讀，或是其他學習情況的差異。當時包括我在內沒有臉書的人，無法透過臉書找到自己過去的同學，沒有組成同學會，少了很多聚會，也少了很多八卦。相隔十一年，二〇一八年九月我再度破功，註冊了「夏韻芬」個人帳號以及粉絲專頁。

因為臉書直播需要人力，我的製作人工作負擔變大，我需要學會自己管理粉絲頁，並且練習如何發文。跟很多人相比，我起步晚，累積的粉絲人數也沒有驚人的幾十萬人。開設公關公司的好友認為我的名氣跟粉絲人數不成正比，提出願意以「一個人收費一元」的最低價幫我增加粉絲人數，但是被我婉拒。其實，跟市面上的價格相比，她絕對是賠錢協助我壯大粉絲頁，但我喜歡的粉絲不是機器人、假人，我喜歡跟真的人互動。開設臉書之後，我的生活也出現一些變化，我的小學、大學同學都回來了，還新增了很多粉絲和臉友，他們常常鼓勵我、支持我，我們同悲同喜，生活變得更有滋味、更加多彩。

去（二〇二四）年我跌倒摔斷了右手，造成生活上的一些不便，工作打字或是自己吃飯都不太順利。當時，兒子或媳婦常常為我叫外送餐點，一來是他們忙於工作比較晚回家，二來是擔心我肚子餓。後來，他們說要幫我安裝APP，讓我可以自己點餐，對此我一直推拖，畢竟，我還是喜歡他們滑著手機，然後跟我一一確認餐點的談話。當時，兒子也說過這樣的話：你要是不趕快學，你會餓死喔！而我在不知不覺中，也逐漸開始擁抱新科技、新時代。

AI發展的磨合

其實AI早就出現在我們的生活中，例如手機應用程式很多都利用了AI技術。儘管AI在運算以及資料搜尋的能力極強，但是也有還不被人類接受的部分。

我的一位友人轉述，目前的確有一些AI或自動化設備可以協助人類完成日常任務，但它的速度表現還不如人工操作，他們公司設計AI穿鞋帶需要花費四十秒，人工則只需要二十八秒，這反映了AI技術在某些動作的操作上還未達到人類手動的程度。

AI在許多領域都展示了它強大的潛力，但在涉及動作協調、靈活性和快速應對的任務時，仍需要更多時間來提升。因此前面提到的比較結果，尤其是這類需要精細操作的工作，在可預期的未來，這類技術的進展應該會變得越來越快，最終也許能夠接近甚至超越人工操作的速度。

在照護領域，某集團研發AI偵測功能，在個人快要跌倒的時候發出警訊，不過試圖將這個功能推廣到醫療院所以及養護中心的時候，並不被大家所接受，因為為了顧及這項警訊，照顧者將會人仰馬翻，無法進行手邊的工作。

還有一個案例因應照顧者的需求，在尿布加入AI偵測的項目，一旦出現預設尿量也會發出更換訊號，對於個人照顧者來說，這項技術的接受度普遍很高，因為不用隨時觀察尿布是否需要更換，但是這項技術進入醫院或是養護中心後，一樣遭到拒絕，畢竟大家手邊都有工作，過去尿布的更換都是透過觀察顏色變化（外顯的尿量警示設計）或是定時進行處理，如果偵測警報總是無預警大作，也會影響照護者的工作安排與情緒，所以這個計畫最終便胎死腹中。

儘管AI的潛力無窮，許多領域都迫不及待的想要把AI技術帶入其中，但從目前的經驗來看，仍有許多需要測試、調整的地方。在人類運用自己的想像，逐步發展AI技術的過程中，能力強大的AI當然也會出錯，但是當人類一直保有判斷能力，能夠確實進行調整、修正的時候，就能夠帶領AI變得更加強大。

投資的路上，AI一直在

什麼是智能投資

智能投資（Smart Investing）一般指的是利用科技手段提升投資效率和效果，重點在於「智慧化」地運用數據、算法和自動化技術來優化投資決策，其中涵蓋了「AI投資」、「程式交易」和「機器人理財」這三種技術，它們在投資操作上有各自著重的特點和應用範疇。

AI投資

AI投資通常指的是利用人工智慧技術來分析和預測市場走勢。AI投資模型可能包含機器學習、自然語言處理（NLP）以及深度學習等技術，以便從大量歷史數據、新聞、社交媒體和其他非結構化數據中挖掘出隱藏的投資訊號。例如，AI模型可以透過訓練來識別市場的模式，找到潛在的機會和風險，甚至用來預測公司股價走勢。

程式交易

程式交易（Algorithmic Trading）是使用程式化的指令來執行交易策略。這些策略通常是預先設計好的邏輯規則，根據市場數據自動執行交易。例如，一個簡單的程式交易可能會設定在股價達到某個指標時自動買入，股價高於某個數字時自動賣出。程式交易注重的地方在於速度和精準度，常見於高頻交易（HFT）和套利等投資策略，相當依賴對於數據的快速反應和執行。

機器人理財

機器人理財（Robo-Advisors）則是自動化的資產配置工具，通常應用於個人財務管理領域。機器人理財會根據用戶的風險偏好、投資目標和時間框架來進行資產配置，並在市場發生變化時進行自動調整。大多數機器人理財服務主要專注於長期投資，並採取低成本、分散化的配置方式，適合新手投資者或希望省時省力的用戶。

從上述簡介可以看到三種理財方式的特點與區別：「AI投資」強調利用人工智慧技術進行市場分析和預測；「程式交易」利用自動化程式執行特定交易策略，通常用於快速反應市場數據；「機器人理財」偏重資產配置和長期管理，以自動化的方式提供個人投資建議。這三者各自專注於不同的投資需求和操作風格，但也可以互相搭配。

「機器人理財」——未來的重要趨勢

隨著金融科技的蓬勃發展，「機器人理財」在台灣已成為現代投資理財領域的重要趨勢。它利用算法和人工智慧，為投資者提供自動化的投資建議和資產管理服務。另一方面，傳統的人力理財（理專或是財務顧問）服務依然佔據目前投資市場的重要地位，透過專業的財務顧問為客戶提供個性化的財務規劃。

「機器人理財」與「人力理財」的差異，主要是在服務方式、成本、投資策略、客制化程度、情感支持和適用人群等方面的不同，詳細的比較如下：

	機器人理財	人力理財
服務方式與互動模式	通常透過線上平台或行動應用程式提供服務。投資者在註冊之後，一般需要填寫問卷，以評估其風險承受能力和投資目標。系統會根據這些訊息，利用算法自動生成投資組合並進行管理。整體理財過程數位化和自動化，強調便利性和效率。	由專業的財務顧問與客戶直接進行溝通，包括面對面會議、電話或電子郵件交流。財務顧問會深入了解客戶的財務狀況、生活目標和風險偏好，提供量身定制的理財建議和策略。
成本與費用	由於運營自動化的程度高，人力成本低，管理費用通常較低。對於資金規模較小的投資者，這種低費用模式更具有吸引力。	需要支付財務顧問的專業服務費用，管理費用相對較高。但客戶可獲得更加深入的專業指導和個性化服務。

	機器人理財	人力理財
投資策略與產品選擇	多採用被動投資策略，主要投資對象為指數基金和ETF。投資組合的構建和調整基於預設的算法模型，目標是實現市場平均回報，降低投資風險。	財務顧問可靈活運用主動和被動投資策略，根據市場狀況和客戶需求進行調整。他們可以提供更廣泛的投資產品，包括個股、債券、共同基金、衍生商品等，以追求超越市場平均的回報。
客制化程度	客制化程度有限，主要基於標準化的投資模型。對於有特殊財務需求或複雜財務狀況的客戶，可能無法提供滿足其需求的解決方案，例如稅務規劃、退休安排或遺產管理。	可以提供高度個性化的服務，考慮客戶的全方位財務狀況和個人目標。財務顧問能夠設計專屬的理財方案，滿足客戶的特殊需求。

	機器人理財	人力理財
情感支持與信任建立	缺乏人際互動，無法提供情感上的支持。在市場波動或經濟不確定性增加時，無法安撫投資者的焦慮或提供心理上的輔導。	財務顧問可透過溝通建立深厚的信任關係，提供情感支持和專業建議，幫助客戶在困難時期做出理性的決策。
適用族群	適合追求便利性、費用低廉，且投資需求較為簡單的客戶，特別是年輕或熟悉科技的投資者。	適合資產規模較大、有複雜財務需求，或希望獲得個性化服務的客戶。他們更重視專業建議和人際互動。

整體來說，機器人理財與人力理財各有其優勢與適用範圍。機器人理財以技術為核心，強調自動化、低成本和便利性，適合一般性投資需求和對費用敏感的客戶。人力理財則以專業知識和人際關係為基礎，提供全面且個性化的服務，適合有複雜財務需求和重視人際互動的客戶。

投資者在選擇理財方式時，應根據自身的財務狀況、投資目標和個人偏好來做出決定。未來，隨著科技的更進一步發展，機器人理財和人力理財可能會逐漸融合，結合科技的效率與個人的關懷，為投資者提供更優質的理財服務。

AI投資發展的歷史

有一回關渡醫院院長陳亮恭上節目接受訪談，他問我：「如果機器人問診跟醫生問診，你會選哪一個？」我的回答是當然選真人醫生。他又更進一步詢問，如果不告訴你是機器人還是真人，但掛號費分別收一百元跟五百元的話，我會怎麼選擇？我回答他：「小病就付一百元選機器人，大病才選真人付五百元。」從我的兩個回答可以看到，基於成本、效率、情感、信任等不同層面的原因，人類選擇是多樣且複雜的；隨著社會、科技的發展，人類除了運用理性自己做出決定，也開始向外尋求協助，讓自己做出更正確的決定，這也是智能投資的起源。同一節目中，我問陳院長要不要選擇機器人理財，他則幽默的說自己沒有錢，不需要！

從過去的經驗來看，AI技術的運用在投資歷史中早就有跡可循，隨著科技進步，投資市場從人為分析逐漸邁向自動化，並隨著AI技術的發展進入更智慧的階段。但是在技術發展階段，大家常常抱有過度的期待，我們需要從歷史發展中看到可能的趨勢，避免落入想像中的樂觀或悲觀情境。

以下是AI在投資領域的發展歷史，看看它如何從概念逐漸走向應用：

一九七〇年代：量化投資

量化投資的概念在一九七〇年代開始興起，當時投資人和學術界首次嘗試以數據為基礎來進行投資決策，強調使用數據和統計模型來分析市場。最早期的量化投資模型主要基於簡單的數據規律，比如價格的移動平均線來判斷買賣時機。

在美國，富達投資等大型投資機構開始採用數據模型輔助決策。這種方法後來發展成為更成熟的量化交易策略，成為許多投資機構的重要技術。

二〇〇〇年：大數據時代的來臨

隨著網際網路的普及，二〇〇〇年代後期數據量迅速增加，投資也跟著進入「大數據時代」。研究單位開始意識到，不僅是股價和財報數據，即使如新聞、社交媒體等非結構化數據也可以用來顯示市場的潛在趨勢。於是，大數據分析開始被納入投資決策之中，為後來的AI的應用奠定了基礎。當時就有研究單位的研究證實Google的搜尋趨勢和推特上的熱門話題可以反映市場情緒，一些機構也開始將這些非傳統數據納入投資策略的考量範圍。

二〇一〇年代：情緒分析的應用

二〇一〇年代，自然語言處理技術發展迅速，情緒分析逐漸被應用到投資決策之中。透過AI技術來解讀新聞、社交媒體上的情緒，投資者可以捕捉到市場心理的變化，進而提前應對市場波動。例如二〇一一年，投資公司Derwent Capital Markets成為第一家以推特情緒指標為基礎進行交易的公司。他們利用AI模型從大量推文來判斷市場情緒，並用於短期投資決策。

二〇一〇年代中後期：程式交易的自動化執行

程式交易在二〇一〇年代後期進入了快速發展期，投資機構開始全面採用自動化交易策略，以規模化、標準化的方式執行投資策略，特別是在高頻交易和套利等領域。這種「自動交易機器」讓市場反應變得更加迅速，尤其適合短期投資策略。二〇一四年，高盛裁員約六百名交易員，改用兩百位工程師來開發並維護程式交易系統，突顯了程式交易的重要性。

美國職棒洛杉磯道奇隊日籍球員大谷翔平在二〇二四年球季締造了五十轟五十盜的紀錄，這顆「五十轟五十盜」紀念球，由台灣買家「優式資本」以新台幣一點四億元標下。這則新聞讓人認識了台灣這間從事程式交易行業的公司，其展示出的資金實力也讓全世界嘖嘖稱奇。

根據《財訊雙周刊》的報導，隨著大勢所趨，台灣也已陸續出現類似的程式交易公司，前述「優式資本」就是其中之一。雖然台灣的市場規模較小，但也開始看到程式交易的發展，這是一個積極的信號，代表金融科技（FinTech）在台灣逐漸崛起，未來可能能夠吸引更多數據科學家、工程師進入這個領域。

程式交易需要大量的資本投入、技術基礎和市場深度，而許多一般投資者可能對此理解有限。相較於美國，台灣市場的流動性較低，投資者結構也更偏向散戶化。這可能限制了程式交易的獲利空間，但同時也表示需要更高的風控能力來應對市場的不確定性。

根據優式資本董事長劉興漢分析，巴菲特的投資是長期等待一場大雨，得到一次驚人的報酬；程式交易就是不斷靠毛毛雨來累積微利，仰賴的就是大量頻繁的交易數量勝出。這些策略多數需要大量數據、資金，以及對市場動態的適時反應，所需要的是高技術門檻和資本支持。

優式資本操作心法（十大交易策略）

❶ 鎖漲停板：盤中發現攻擊量，一路加碼至漲停板當沖。

❷ 隔日沖：股價跳空即將漲停板，強勢鎖碼，隔日再賣，因開高機率高。

❸ 每月營收公布：透過每月十日營收公布，尋找最具反應動能的個股買進。

❹ 黑K交易：台股收黑K的機率大過於收紅K機率，因此先賣後買的勝率較高。

❺ 突破交易：整理一段期間的股票，突破爆量是持續買進的訊號。

❻ ETF季度調整：ETF進行季度調整前，根據ETF規範預測即將

被納入的標的，先行佈局。

7 ETF申購套利：當ETF的價格與淨值出現落價時，可在現貨放空ETF，同時申購套利。

8 期現貨價差：當期現貨出現價差時，可隨時進出套利。

9 CB套利：當現股價格高於CB（可轉換公司債）時，放空現股買進CB進行套利交易。

10 處置股交易：當第一次處置結束時，若延續漲勢，就可能會出現第二次處置漲勢。

資料來源：《財訊雙週刊》第七二三期

二〇一〇年代後期至二〇二〇年代：機器人理財的普及

二〇一〇年代後期至二〇二〇年代，機器人理財逐漸成為一般投資者的理財工具。透過AI技術，這些機器人顧問可以根據用戶的需求、自動進行資產配置和調整，使得投資變得更加簡單和自動化。二〇一〇年，美國的Betterment成立第一個機器人理財平台，並且很快地引起了廣泛關注。之後，Wealthfront

等平台相繼成立，機器人理財迅速普及，並延伸到各種財務管理服務。

透過歷史軌跡觀察來看，自一九七〇年代的量化投資開始，到二〇〇〇年代的大數據應用，進而至二〇一〇年代的情緒分析和程式交易，以及近年來的機器人理財，AI的概念早就已經出現，之後隨著技術的發展在投資領域的應用變得越來越深入。交易者的投資決策從單純依賴財務數據，發展到融入市場心理、趨勢分析和個人偏好等多層面的智能投資。

未來，隨著AI技術的進一步發展，投資方式將變得更加精準和多樣化。對於投資者來說，這不僅意味著更多的投資機會，也讓資產管理變得更為便捷。也許在不久的將來，每個人都會有自己的「AI智能理專」，可以提供協助達到投資收益穩定的程度，完成個人的財務目標。

AI投資的瓶頸與現實

儘管從歷史的發展、技術的進步來看，AI投資的前景似乎一片光明璀璨，但從過去的經驗中仍然可以看到諸多需要提高警覺的地方。

金融市場充滿不確定性

金融市場的運行，受到多種因素的影響，包括全球經濟、企業財報、政治事件，甚至是天災人禍等，這些變數中有許多部份無法被AI完全掌握。AI的核心能力在於分析過去的數據並尋找規律，但過去的規律並不保證完全適用於未來，因為金融市場本質就是充滿不確定性，即使是最先進的AI，也無法完全預測股市的走勢。例如歷史上的「黑天鵝事件」，又或者是二〇二〇年新冠疫情的爆發，這些都無法被提前預測到。AI系統無法在事件發生前給出明確警告，因此這類「黑天鵝事件」對於市場的影響可說是完全超出了AI的能力範圍。

AI是輔助工具，不是神

AI投資機器人能夠幫助我們更有效率地處理數據、找到潛在的投資機會，但它不是魔法水晶球。它的決策基於統計模型和演算法，這些工具雖然強大，但本質上只是輔助我們做出更好的判斷，而不是完全取代人類的智慧與思考。AI不是萬能的，目前的AI系統（例如量化投資與演算法交易）確實能輔助交易，但它們仰賴過去的數據來學習，對未來可能發生的新情境適應能力有限。如果過於依賴AI來指導買賣，最終可能導致嚴重損失，尤其是突發市場波動時。就算不運用AI，大家都知道很多人利用回歸演算法，只是證明對過去有效，對於未來的猜測則不具參考性。

競爭及頻繁交易的後座力

投資市場上的競爭非常激烈，越來越多投資者使用類似的AI技術，就會導致利潤空間迅速縮小。到最後所有人都在追逐相同的交易訊號，市場效率提升，一定會讓機會與利潤都變得更加稀少，因為如果AI的交易策略真的如此準確，那麼市場上的其他玩家也會很快跟進採用，利潤將會迅速被壓縮。股市是一個零和遊戲，當越來越多人使用相似的AI技術，原本的優勢就會被稀釋。

許多人期待AI機器人能每天告訴他「買賣時機」，但頻繁交易背後的隱藏成本卻常被忽略，例如交易手續費，每次交易都會產生費用，長期累積下來可能會吃掉大部分收益。另外還有稅務負擔，短期交易的稅負比長期持有更高，會進一步壓縮獲利空間。頻繁操作往往讓投資者賺不到理想的收益，反而成了市場的輸家。

投資致富沒有捷徑，真正的投資成功更多依賴耐心與紀律。全球知名的投資大師巴菲特正是最好的例子。他的財富並非仰賴每天買進賣出，而是透過長期持有優質公司，依靠時間的複利效果累積而成。他曾說過一句話：「股市是一個把錢從沒有耐心的人手中，轉移到有耐心人手中的機制。」

如果你的目標是財富自由，那麼與其期待AI幫你每天賺錢，應該要先確立以下三件事：

❶ 建立穩健的資產配置：分散風險，選擇適合自己的投資組合。

❷ 重視長期投資：放棄短期暴利的幻想，耐心等待資產增值。

❸ 提高自己的投資知識：AI是輔助，但人類的智慧仍然是決策的核心。

投資人與「智能理財」

台灣人的理財現況

我訪問過在台灣從事機器人理財的阿爾發投顧董事長陳志彥，他提到在目前台灣從事投資理財的人群中，不論以資產規模或是受益人會員數來說，利用機器人理財的人所佔的比重極低。

根據新聞報導，目前台灣的證券戶數有大約一千三百二十一萬戶，顯示出有相當大比例的人口參與了股票投資；不過，實際上活躍的投資人數量應該在四百萬至五百萬人之間。近年的情況則有所不同，有越來越多人投入股市，顯示出台灣人對股票投資的興趣逐年增長，這可能是受到低利率環境、政府推廣以及越來越多的年輕人和退休族群想要增加資產收益的影響。

根據我自己的觀察，近年來台灣開設證券帳戶者的年齡分布呈現出一些有趣的趨勢。

年紀	投資特徵
三十歲以下	相較於過去的情況，現代年輕族群的投資參與度逐漸增加，尤其是在二十到三十歲這個年齡層。其中一大部分的原因是受到學校的投資理財社團的引導，在出了校門之後，年輕人容易在社群團體中找到同好參與投資。此外，受益於數位化交易平台的普及，年輕人對投資理財的關注度提升。 這群人通常資金少，偏好較短期、高風險的投資產品。
三十至五十歲	他們是台灣股票市場的主力族群，大部分都有穩定收入並希望透過投資累積資產。 他們偏好比較穩健的投資策略，例如定期定額買入個股或是ETF或基金。

年紀	投資特徵
五十歲以上	隨著退休年齡接近或已退休的族群，這個年齡的投資人數量也在增長。在許多人的想像中，他們應該更喜歡收益穩定、風險較低的資產配置，傾向於持有龍頭股或高股息股票；然而事實上，他們的行為卻呈現出投資心態積極的傾向，一方面因為自己已經有一些資產累積，另一方面習慣自己掌控財務的增減。 一位我認識的六十歲友人，說了一句話「寧願自己輸掉，也不要被別人（理專）賠掉」。 從個案表現和整體趨勢來看，顯然這種習慣自己來的投資心理及行為模式，在台灣五十歲以上的投資者群體中十分普遍。

擁抱投資新發展

科技浪潮如同一陣無形的風，正悄悄改變著我們的生活方式。在這個數位化的時代，機器人理財正以驚人的速度崛起，過去很多人都覺得投資理財需要高昂的資金門檻、複雜的市場知識，以及與理財顧問的面對面交流。然而，如今只需一部智慧型手機，下載一個應用程式，填寫幾項個人資訊，投資之門便就此敞開。

我認識一位年輕人說：「機器人理財讓投資變得如此簡單，就像在網路上購物一樣方便。」事實上，機器人理財的魅力不僅在於降低了投資門檻，更在於其高效的資產管理能力。先進的演算法和人工智慧技術，使得投資組合的構建和調整都能夠即時進行。我的朋友也選擇在理財平台上進行資產管理，他告訴我：「每當投資效益出現或是市場發生變化，系統都會自動為我再平衡投資組合，這些都是我個人難以完成的事。」

看到這裡，或許有些人已經開始躍躍欲試，但什麼樣的人是適合機器人理財的人群呢？

❶ **投資新手和年輕人：**對於剛開始接觸投資的人，機器人理財提供了友善的入門方式。它簡單易懂，讓投資新手能夠輕鬆上手，逐步累積財富。

❷ **資金規模較小的投資者：**傳統理專或是理財顧問通常對資產規模有較高的要求，而機器人理財的門檻較低，費用也更實惠，適合資金有限

的投資者。

❸時間有限的專業人士：忙碌的工作讓許多人無暇深入研究投資。機器人理財的自動化管理，可以讓他們在不耗費大量時間的情況下，實現資產的增值。

❹追求費用效率的人：機器人理財通常收取較低的管理費用，對於對費用敏感的投資者，是一個具吸引力的選擇。

❺偏好科技和數位化服務的人：對科技感興趣、習慣使用數位工具的人，可能更傾向於選擇機器人理財，享受其帶來的便利和創新體驗。

❻希望避免人為偏見的投資者：機器人理財基於演算法和數據分析，提供客觀的投資建議，減少了人為情緒和偏見對投資決策的影響。

機器人理財為不同需求的投資者提供了多樣化的選擇。對於希望簡化投資流程、降低費用，並且能夠接受自動化管理的人來說，機器人理財是一個理想的選項。然而，對於有複雜財務需求、需要個性化服務，或是重視人際互動的投資者，傳統的理財顧問可能更為適合。在國外一些領先的金融機構已經開始嘗試混合式的服務模式，「Vanguard Personal Advisor Services」就是一個典型的例子。他們將先進的數位平台與經驗豐富的理財顧問相結合，為客戶提供高效便捷服務的同時，也保留了人性化的互動和個性化的建議。

被動型ETF是AI智能投資的上選

截至二〇二四年十一月三十日，全目前台灣的ETF的受益人已達到一千三百七十八萬人次，對照台灣的人口數，購買ETF已經快要成為全民運動了。ETF整體規模已經高達近新台幣六點二四兆元，某種程度來說，被動型ETF也可以是智能投資的一個重要策略，因為它的成本低，同時也可以自行進行資產配置。

ETF在台灣雖然已發展超過二十年，但事實上，它真正的蓬勃發展應該是從二〇一八年開始。截至二〇二四年十一月三十日為止，包括槓桿、反向ETF及期信ETF在內，台灣掛牌的ETF已接近兩百七十檔，但台灣人最喜歡什麼類型的ETF呢？數字告訴我們，「債券ETF」檔數最多且規模也最大，共有九十五檔，規模達三點二兆元；「台股ＥＴＦ」次之，有五十八檔，規模二點六兆元；「海外股票ＥＴＦ」雖然有七十檔，但規模只有三千八百零六億元。

從股債ＥＴＦ的類型再加以細分，股票ＥＴＦ從市值型到Smart Beta、主題型；債券ＥＴＦ有公債、投資等級債及非投資等級債等，種類相當多元。過去有很多投資人以為ＥＴＦ是一種懶人投資致富好方法，但是隨著台灣ＥＴＦ類型越來越多，比較不偷懶的投資人就會發現，如果投資主動型基金，國內的台股基金操盤績效都超過了ＥＴＦ，投資人的確可以根據自己的投資偏好做配置，但進行投資前一定要做功課，不能像一些投資人在根本不了解正向、反向或是槓桿倍數，甚至也不知道ＥＴＦ是會下市的情況下就貿然投資，因而導致虧損或是投資糾紛。

進行ＥＴＦ投資要先了解分類，簡單來說，有以下四種分類：

❶ 組成方式：完全複製法、最佳化法、合成複製法、抽樣複製法。

❷ 追蹤方式：正向一倍、正向兩倍、反向一倍（在美國正反向都可以到三倍）。

❸ 標的類型：股票型、債券型、期貨型。
❹ 追蹤目標：特定指數、特定商品指數、一籃子股票、主動式。

對於正向一倍、二倍或是反向一倍的ＥＴＦ商品，都不可以長抱，必須短期持有賺取價差。有一些合成複製通常會有購買期貨或是選擇權的操作，如果要長期持有該類型ＥＴＦ則要留意一下期貨換倉成本。

如果以退休規劃的長期投資來說，最好選擇原型，而不要選擇變形的商品。很多人喜歡選配息的ＥＴＦ，但配了息之後把錢放在銀行，或是拿出來花掉，對於年輕人來說，這樣的操作達不到複利投資效果，除非是退休族，需要更多現金流入生活費。

ＥＴＦ的投資標的非常廣泛多元，目前常見的都是高配息加上科技題材，例如５Ｇ、ＥＳＧ、機器人、電動車等等。在投資之前，首先一定要了解上述四項分類，如果是準退休族選擇ＥＴＦ商品，就不能做變形、槓桿，最好也別做空，以免跟自己長期投資的心態相牴觸，帶來內心煎熬。其次就是買投資範圍大比範圍小好；另外了解投資績效跟時間是成正比，必須要有比較長的耐心。牢記以上這四點，就可以安心投資ＥＴＦ。

近兩年以來，許多投資人都偏好配息的ＥＴＦ，因為有月配息從而吸引了投資大眾，使得台股掛牌的ＥＴＦ突破二百檔，每個月都有ＥＴＦ接力除息。從這個情況來看，國人真的很愛ＥＴＦ，但是投資人應該重視的是基金淨值變化，若只重視配息率，甚至於只關心有沒有月配息，然後把配息當作是賺到的錢，直接花用，這樣的投資選擇效益不彰。

購買ＥＴＦ該有的心態

其次，國內上市櫃公司，大多數仍然選擇一年發放一次現金股利，現金股利的發放通常集中在第三季，若基金採取月配，只是把預估的金額拿來分散在每個月的配息，其結果當然也不利於基金的淨值成長。

尤其，當基金的配息高於基金的投資收益，就好像入不敷出的家庭無以為繼，為了維持生計只好變賣家產，挖東牆補西牆。投資人所收到的部分配息有可能是來自於收益平準金，有些ＥＴＦ甚至於會面臨調降配息率的窘境。

對於有現金流需求的投資人，我建議的投資選擇是以債券ＥＴＦ為主，因為債券本來就會定期配息，一籃子債券組成的債券ＥＴＦ可以讓成份債領息的時間錯開，這樣每個月會有不同的成份債的債息進來，就可以拿來配息。這是我的好友凱基投信總經理張慈恩一直想要告訴投資人的觀念，「股票當股票買，債券當債券買」，他提醒投資人購買股票是要追求資本利得，買債券則是要追求息值。然而，觀察過去幾年來台灣投資者的行為，台灣投資人購買股票ＥＴＦ總是在追求高息，在購買公債ＥＴＦ時卻是想要賺取價差，這樣的行為與投資的基本概念相反，也就難免會遭受到投資失利的打擊。

第三，有些資產管理業者為了衝高其所管理基金的資產規模，刻意以「高配息」或是「月月配」的設計來迎合當前投資人心態，吸引他們前來申購或是購買ＥＴＦ商品，造成了大幅度溢價的現象，換句話說，投資人最後是以高於基金淨值的價格來買進此項ＥＴＦ商品。

ＥＴＦ的投資組合建構方式是公開的訊息，ＥＴＦ的價格應該貼近於淨值，有時候績效良好的基金會有小幅度的溢價，表示市場的需求大於供給，這是可以理解的現象，但是大幅度的溢價則代表投資人花了冤枉錢。投資人在購買ETF產品前，應該先上各投信業者的官網查詢「即時預估淨值」，以避免造成損失。

對於上班族來說，的確不需要執著於月月配息的ETF商品，配息有股利收入、資本利得以及收益平準金，國內的上市櫃公司都是在第三季發放現金股利，不會每個月都配，因此如果一定要配出高配息，只能動用到資本利得及收益平準金，一如前面所言，會配到自己的錢（平準金的部分），尤其如果把配息的錢直接花掉，更是完全沒有投資複利的效果。

此外，許多投資人都以為購買便宜一點，或是接近十元附近的價格是比較安全價位，其實ETF價格的高低與未來的績效無關，低價的ETF只是入門門檻比較低，未來績效不見得會比高價的ETF好；反之，目前看起來價格較高的ETF也許未來的價格會更好，因為一檔ETF的價格升高是因為這些基金所持有的資產價值很高，也就是淨值很高。

投資人應該要關心的是ETF的投資主題、投資組合建構的邏輯與策略（追蹤指數的方法）。畢竟ETF一旦被創造出來就決定了未來的發展命運，所以事先理解該項商品是如何創造出來的，接下來則是關心商品的市價是否偏離淨值。目前很多投信官網都有即時預估的淨值，投資人應該經常前往關心持有商品的淨值是否有大幅溢價的現象。

主動型ETF將成為新主流

在新的一年，國內投資人要留意的是主動型ETF正逐步崛起，只要主管機關核定，很有機會成為二〇二五年的投資市場新寵，而且有可能讓目前熱門的ETF商品潰不成軍。

以美國為例，主動型ETF的發展速度令人矚目，根據最新數據，美國主動型ETF的資產規模已突破八千零六十億美元，較二〇一九年成長約百分之七百。二〇二四年更吸引了創紀錄的兩千五百七十億美元資金流入，顯示投資者對主動管理策略的興趣顯著提升。

美國的主動型ETF之所以會迅速發展，主要原因在於：一、全球經濟變化劇烈、通膨壓力與地緣政治風險增加，投資者對靈活應對市場變動的需求上升。主動型ETF能快速調整投資組合，抓住市場機會，不但是資金避風港，還有機會賺到超額的利潤。二、主動型ＥＴＦ可以聚焦於熱門題材，例如AI、電動車、生技醫療等創新產業，如著名的ARK Innovation ETF（ARKK），成功吸引年輕投資者與高風險偏好的市場參與者，進一步推動市場熱潮。第三，還是來自費用優勢與透明度提升競爭力，相較於傳統主動型共同基金，主動型ＥＴＦ費用較低。

主動型ＥＴＦ與被動型ＥＴＦ的關鍵差異，首先是管理方式，其中「主動型ＥＴＦ」是由基金經理人主動選股與調整配置，目標是超越市場或特定指數的表現。至於「被動型ＥＴＦ」，則是追蹤特定指數，僅複製市場表現，不進行主動買賣操作。其次在於成本與費用的不同，主動型ＥＴＦ費用應該略高於被動型ＥＴＦ費用一點，但因為主管機關所制訂的相關規定還沒有出爐，目前都是未定數。

可以確定的是二〇二五年投資市場會加入主動型的ＥＴＦ以及多重資產ＥＴＦ，目前徵詢業者的意願，根據消息有十五家業者表達願意發行，第一季會有首檔新商品問世，預計三年內會達到兩千億元的規模。

與主動型的共同基金最大的不同就是ＥＴＦ在股票市場中交易，同時享有股票融資融券的優勢，這兩點就會吸引很多投資人的青睞，尤其在去年（二〇二四）很多ＥＴＦ投資人套在高配息以及債券商品上，就算配息下降，規模一樣成長。台灣的網紅只會教大家越跌越買，因為配息率不變，其實用一個簡單的數學就能夠理解，淨值一百元，配息率百分之十，配十元；淨值五十元，配息率一樣百分之十，就變成配五元。儘管後來主管機關要求網紅規範要有適格性，但是我發現網紅亂象還是盛行不絕，唯一的解方還是投資人必須強化知識與常識，以及需要根據自身風險承受能力與財務目標，再來選擇商品。

不管是主動型或是被動型ＥＴＦ都具有成本低且投資分散的優勢，相當適合做資產配置，我建議投資人可以依據個人的投資屬性，調整股債ＥＴＦ比重幫自己打造資產組合。例如穩健型投資人可採取股六債四的配置，是積極型的投資人就把股票ＥＴＦ的比例再拉高一些。在選擇股債ＥＴＦ上，只要遵循上面提到的原則，就可以投資行為變得更安全、安心，晚上也不用睡不著覺了。

AI的夢境與現實

除了速度，還要有溫度

當AI領域的兩大天王黃仁勳、蘇姿丰先後抵達台灣，掀起一股AI投資熱潮之際，我無意中看到了Netflix上面一部跟AI有關的電影《夢境》（Wanderland），並且對其中某個情節感觸很深。電影講述一位奶奶因為疼愛的孫子已經過世，所以透過「Wanderland」見到孫子並且和他聊天，然而對面的孫子其實是AI設定出來的，這個孫子一直跟奶奶要求禮物，奶奶就努力工作，以贈送虛擬孫子所需要的名牌車子，奶奶不斷在現實生活中賺錢，最後因為太辛苦而過世了，這個情節確實令人感到心痛，也引發了我對於科技與情感關係的深刻反思。

AI本應被用來安慰和陪伴那些失去親人的人，但當它過度模仿現實世界，尤其是物質需求的時候，反而變成一種無止境的剝削，就像電影中奶奶因為過度付出而導致的悲劇性結局。這揭示了科技雖然能帶來某種程度的慰藉，但如果不加以限制或合理設計，它可能會讓人陷入扭曲的現實，甚至付出生命的代價。

這也讓我想到，AI的設計應該更注重保護使用者的心理和生理健康，並且不能利用情感弱點來達到某些消費目的。

我不知道是不是AI本身「變壞」了。AI應該是根據設計者設定的指令行事。AI孫子的行為——不斷向奶奶要求禮物——到底是某種程式設定？還是AI自發的決定？這種設定可能是基於模擬真實情境，但卻忽視了對人類情感和現實生活的傷害，讓人不由自主地進入一個無法持續的情感回應模式。

如果開發者的目的是為了盈利，或是缺乏對用戶情感健康的考量，這樣的設計就可能導致電影中的情況，對人類造成深刻的傷害。所以從根本上來說，責任在於AI設計師的意圖和價值觀。如果AI被設計得更加注重人性和健康的情感管理，這個故事可能會有完全不同的結局。

留意AI的「同溫層效應」

在我訪問《AI的它時代，台灣企業的大機遇》這本書的共同作者蔡祈岩時，他提到了「同溫層」概念，而這是否會影響投資決策，就是個很值得探討的議題。

在這本書中作者討論了人工智慧在個性化推薦功能上的潛在風險，以一台具備「個性化食譜推薦」功能的AI冰箱為例。這台冰箱原本的設計目的是為了優化使用者的飲食體驗，剛開始的時候會根據使用者的喜好推薦最合適的飲食選項。然而，隨著時間推移，AI的推薦漸漸集中於使用者偏好的食物，最終可能會演變成為「同溫層冰箱」，只推薦使用者經常選擇的食物，而忽略其他營養均衡的選項。

這種AI個性化推薦在短期內看似滿足了使用者的口味需求，但從長期觀點來看可能導致營養失衡，甚至讓使用者錯過探索新食物的樂趣與益處。更極端的情況下，使用者的飲食會日漸單一，產生固定的飲食偏好，對其他食物類型產生排斥，甚至誤以為偏好的食物才是唯一「正確」的飲食方式。當他人建議嘗試新選擇時，使用者可能感到不適，甚至認為這些選擇「不健康或不好吃」。

這樣的情況也引發了AI倫理的議題，提醒我們在這個時代，必須重視並檢視AI的設計和資料處理過程，避免在無意間造成傷害。更重要的是，這種風險需要追溯責任，避免因為AI操作而導致使用者的喜好成為唯一推薦，最終導致營養不均衡，並強調在AI系統的設計上加入道德與責任感的重要性。

在投資理財的領域中，我也擔心「同溫層效應」，尤其在將AI推薦應用於投資行為上這個效應更加明顯。如果AI僅根據使用者過去的投資選擇和風險偏好進行推薦，可能會導致使用者的投資組合過於集中，忽略了多元化和風險管理的重要性。

如果使用者偏好科技股，AI可能會根據他的喜好持續推薦類似的科技股，而忽略了其他行業的投資機會。長期下來，這位使用者的資產組合可能會失去平衡，過度依賴單一產業，因而無法應對市場波動和經濟週期帶來的風險。

此外，投資理財不僅只是根據過去的偏好或回報率進行選擇，還需要考慮使用者的長期財務目標和市場變化的可能性。假設AI的設計沒有加入這些多樣性參數，使用者可能會在「舒適區」內一直重複相同的投資決策，無法獲得全面的財務成長機會。

要避免這種投資「同溫層」的方法，在於投資人應該在投資時考量資產配置的多元性，AI只是提醒使用者定期重新檢視投資策略。這樣一來，AI可以幫助使用者建立一個更為穩健和平衡的資產組合，確保投資組合在不同的市場情境下仍能夠應對風險，達到長期財富增長的目標。

當然從科技的角度來看，AI具有以下優勢：「**數據分析能力**」，AI能處理大量的數據，迅速識別影響股票的多重因素，包括市場趨勢、經濟數據、新聞情緒等。這使得AI能在數秒內完成一般投資人可能需要數天的分析量。「**情緒控制**」，一般投資人往往容易受情緒影響，例如在市場波動時過度恐慌或貪婪，而AI則能以冷靜的數據分析進行決策，不會受到心理因素的干擾。「**機器學習和優化**」，AI可以透過歷史數據持續學習並優化投資策略，識別出模式或趨勢，並調整決策模型。這些模式可能是一般投資人難以發現或解讀的。「**即時反應速度**」，AI能在毫秒內做出交易決策，這在高頻交易或快速變動的市場中特別有用。這樣的反應速度使AI能抓住許多轉瞬即逝的投資機會。

但是AI當然還是有其局限：「**依賴歷史數據的風險**」，AI的預測模型通常是基於歷史數據所建立的，因此在面臨新的市場情境或黑天鵝事件時，AI可能無法準確預測。比如疫情、金融危機等突發事件，往往超出模型的預測範疇。**「同質化風險」**，由於許多AI投資模型使用相似的數據和算法，這可能導致大量資金集中於同一投資方向，進一步增加市場波動。例如，若多數AI系統同時賣出某類股票，可能引發非理性的價格波動。**「倫理和監管風險」**，AI在投資中的應用涉及數據隱私和風險偏好問題。例如，AI可能會過度迎合使用者的偏好而忽視分散風險，這樣的行為在長期投資中會有不利影響。**「無法全面理解人類目標」**，一般投資人可能有個性化的財務目標，如退休規劃、子女教育基金等，這些目標不僅依賴數字上的回報率，還涉及風險容忍度、家庭需求等複雜因素。AI在這方面仍缺乏足夠的靈活性來滿足個別需求。

在執行短期策略、數據密集的交易場景中，AI的表現往往能勝過一般投資人，尤其是在情緒容易波動的市場中。它的高效率和客觀性可以補足人類投資者的不足。因此，在長期投資或涉及個人化需求的財務規劃中，AI目前仍需要與人類的洞察力和生活智慧相結合，才能做出真正適合投資者的決策。

AI是工具，不是救世主

近年來AI投資話題越來越熱。投資人難免對未來產生了「AI能算出最佳買賣時機」、「機器人能代替人類投資」這類的期待，忍不住想像在未來世界可以運用AI每天賺錢的快意人生，但這些期待的產生，都是因為對投資或AI的本質了解有限。這些想像背後反射出的是人們對快速致富的渴望，以及對風險與現實的忽略。

AI帶來的快速運算能力，確實容易讓人產生一種「一夜致富」的錯覺，但事實上，這種心態往往是投資失敗的主要原因，過度神話AI的發展與能力，會讓我們忽略投資的基本原則，甚至陷入更大的風險中。

在通往財富自由的道路上，沒有捷徑，只有透過學習與實踐，才能真正掌握自己的財富。如果你期待AI幫助你實現快意人生，不妨先問問自己：「我對投資的理解是否足夠？我是否有一個穩健的計畫，可以達成我人生的階段目標？萬一AI出錯，我能夠承擔一切結果？」畢竟投資一旦帶著過高的期待去操作，結果往往是讓人失望甚至受傷。

AI當然能輔助我們進行投資，但過於迷信科技、缺乏穩健計畫，可能讓人忽略基本面分析和風險管理而導致虧損。將希望寄託在短期投機上，最終無法累積長期的財富。

我非常認同AI技術的未來充滿無限潛力，而且相關技術的進步確實在不斷突破我們的想像。只是，我更傾向在討論新技術的時候，保持一定的平衡：既要展望未來，也要面對現實。

作為一個投資人，為什麼在新技術持續發展的時候不要過度樂觀、一味投入，仍然要維持自主、保持理性？主要的原因在於：

技術進步需要時間與磨合

很多突破性的技術剛出現時，人們的期待常常會遠遠超過技術的成熟度。舉例來說，過去我們期待自駕車很快就能全面取代人類駕駛，但是直到現在，仍有許多挑戰未能解決。AI投資也是類似情況——目前的技術非常強大，但離「精準預測每天的買賣點」仍有相當的差距。

避免「科技萬能論」的陷阱

人類經常會高估新技術的短期效果，卻低估它的長期影響。我並非否定未來可能性，而是認為應該避免進入過度樂觀的狀態，因為這可能會讓人忽略風險，甚至在技術還未成熟時就做出錯誤決策。

對於投資，過度幻想往往帶來失望

財富自由和投資成功，從來不是單靠工具或科技就能更實現。過去我們經歷過很多類似的「神話」，例如比特幣在早期被視為一夜致富的捷徑，但是後來出現交易所倒閉事件，也有出現工程師忘記密碼，無法提領鉅款的慘劇，保持理性是為了走得更長遠。

我絕對相信未來AI技術在投資上的應用會更加精準和全面，甚至達到現在無法想像的境界，尤其是在這幾個層面：

先進的市場數據分析

或許未來的AI可以不只分析歷史數據，還能結合情感、心理、社會趨勢等非結構化資料，讓投資策略更貼近市場的真實脈動。

個性化投資建議

AI可能可以針對個人需求、風險偏好、財務目標，設計出完全客製化的投資組合，幫助每個人更高效地實現財務目標。

減少情緒化影響

如果AI能更進一步整合行為經濟學模型，未來更加可以幫助投資者避免情緒化交易，在市場恐慌時保持冷靜，在市場亢奮時提醒風險。

從技術和投資兩方面來說，理性與樂觀並不矛盾。理性能夠幫助我們看清當前的限制，樂觀則讓我們相信未來的可能性。理性是現在的基石，樂觀是未來的引擎。

未來，AI或許能為這個世界帶來我們今天無法想像的改變，只是在這一天來臨之前，或許需要更多時間和努力。這不是一場科技魔法，畢竟「AI＋人類」的合作將會是最佳組合，未來的理想模式不是AI完全取代人類，而是人類智慧與AI技術的結合。人類提供對於長期目標和價值的理解，AI則負責處理短期數據和操作細節，兩者相輔相成，這是我心中理想的發展方向。

請問 ChatGPT

Q

該如何引導前面提到那位希望AI告訴他何時該買賣台積電股票的年輕人？

A

1.調整期望

可以告訴他，AI是一種輔助工具，而非「萬能魔法」。更實際的目標是利用AI來優化投資決策，例如控制風險、選擇有潛力的標的，而不是期待每天穩賺不賠。

2.學習基本知識

鼓勵他學習投資的基本原則，例如資產配置、長期持有的重要性，以及如何應對市場波動。投資成功更多取決於耐心與紀律，而非單純依賴科技。

3.認識被動收入的挑戰

提醒他，建立穩定的被動收入往往需要初期大量的資本、時間與努力。即使投資成功，最好的策略也可能是以投資收益逐漸替代部分工作，而非完全依賴投資。

第2部

新人類成家解方

親愛的兒子：

不知道從什麼時候開始，我已經不再只是關心你今天吃得飽不飽、睡得好不好，而是開始想著，你未來的人生會不會有人陪你一起走？會不會有個家在你疲憊的時候能夠讓你放心地停靠？

我常常告訴別人，如果我有個兒子，我一定會希望他結婚，因為我相信婚姻是一個人穩定下來、學會承擔責任的開始；但是如果我有個女兒，我或許會捨不得她嫁人，因為我知道婚姻對女人來說，總要付出更多、承受更多的辛苦。

可是現在看著你找到了一個適合的人，媽媽真的覺得很欣慰。其實媽媽年輕的時候，也曾經對婚姻有過很多猶豫和擔心。那時候覺得婚姻是責任，是束縛，是未知的挑戰。但後來我才發現，婚姻真正的意義是兩個人一起面對生活的難題、分享生命中的喜悅與悲傷。媽媽也曾害怕生孩子，怕自己照顧不好、怕自己失去自由，可是直到你出生的那一刻，我才明白，原來愛一個人可以愛到毫無保留、無怨無悔。

還記得你小時候，緊緊抓著我的手，就是不肯放開去上學的模樣？那時候的你依賴我，而現在的你，已經準備好去牽起另一個人的手，給她依靠、給她安全感。媽媽很感動，也很放心，因為我知道你會是一個負責任的男人，也會是一個溫暖的丈夫和父親。

媽媽想告訴你，重要的不是結婚本身，而是有個人能陪你走過人生的高低起伏，讓你不再是一個人面對所有挑戰；重要的不是孩子會帶來多少責任，而是他們會讓你看見生命的延續與奇蹟，讓你變得更堅強、更成熟。

其實這封信還沒有寫完，也沒有寄出，然後就收到我兒子的「驚天一問」。

準備迎接家庭新成員

驚天一問

射手座的兒子，常常不按牌理出牌，有一天竟然給了我一個驚天之問：「她不能生，我可以娶她嗎？」

儘管在他的成長過程已經帶給我多次的驚嚇，我已經習慣接招，但是當下追問的我有如經歷七級以上的強震。我知道他在等我的答案，但是我接下來的回答並不是以肯定句或是疑問句打發他。我記得我告訴他，你想結婚了？真是好消息！

他雌牙咧嘴的笑開了，告訴我「有在想啦」，但是當時的女友（現在的妻子）的輸卵管先天有問題，經過醫生檢查，受孕率很低⋯⋯。

我把握了這個契機跟他聊天，告訴他結婚先是考量「要不要跟這個人相處一輩子？」「你開心或是不開心的時候，第一個想要講的人是她嗎？」「你跟她一起生活的時候舒服自在嗎？」確定是這個人就好，而不是其他更複雜的問題。

生小孩不是婚姻中的唯一考量，我告訴他，我身邊很多好朋友也沒有生小孩，兩個人過好生活很重要。這時候，兒子說，那你以後死了，沒有人拜你耶。射手座的孩子，總是能夠把一個感性對話，變成鬧劇，我告訴他，早就告訴你，我以後不用你拜，死後燒一燒、撒在樹下花間都好，想我的時候，在心裡叫媽就好。

兒子說，其實他是喜歡小孩的。從他還是大男孩的時候就喜歡跟小朋友一起玩，可能是因為他練過啦啦隊，把小孩飛甩高高的時候，都能讓孩子們興奮開心大笑，甚至黏著他不放。他也告訴我，準妻子很喜歡孩子，她的第一份工作就是幼兒園的幼保員，即使她當時的工作是模特兒，還是利用時間考上了保母執照，希望可以生一個孩子自己帶，然後再帶一個別人的孩子，收取保母費來增加收入。

原本他們的計畫是要結婚、取得身分之後，獲得政府的生育補助進行試管嬰兒，所以，如果孩子問出那句話的時候，父母親立刻要孩子「三思而後行」，或是以「傳宗接代」這個議題卡住這個對話，那也就沒有後續的深入暢談和討論。

我們都非常希望見到小生命的到來，孩子們的一顰一笑，就是化解人間煩憂的好解方。但是，到底是孩子自己喜歡小孩，還是長輩希望他們生小孩？兩者其實有很大的差距，是一個非常值得思考的問題。

主動選擇的人生才有意義

我有一位好朋友，年紀稍長我幾歲，兒子極為優秀傑出，她祭出交班接棒的要求，就是希望孩子結婚並且快快生下小孩。畢竟，在現代的朋友圈中，沒有人會羨慕曬恩愛，但是曬孫子孫女絕對是最值得驕傲且令人羨慕的畫面。之後，她的兒子終於跟相戀多年的女友結婚，當時我去參加婚禮，朋友還規定我們要穿著禮服參加，一場盛宴令人印象深刻。正當一切都完美地依照計畫行事，小倆口結婚之後，順利懷孕，眾人相當驚喜，後來還吃到好吃的油飯和餅乾，我以為好友應該忙於帶孫，無暇顧及我們的固定餐會。後來，我因為籌辦孩子的婚事，有些細節想要請教他們，經過電話連絡，才知道美滿的婚姻家庭生活，因為孩子的出生帶來極大的衝突，先生因為繼承家業所以早出晚歸，妻子是年輕新手媽媽，換了幾個保母都找不到適合的人選，在焦慮壓力下竟然告訴家人「想把小孩丟掉」，後來我試著和兩位年輕人聊天，他們才說出實話，這段婚姻跟孩子都不是自己想要的，而是父母期待的樣貌。

我很慶幸在自己年輕的時候，有機會跟令人尊敬的小燕姐有過一段深入的談話。當時她想要簽我的兒子當藝人，當下我欣喜若狂，小燕姐卻告訴我，她保證會讓孩子繼續念書，不會荒廢學業，但是要不要簽下他，應該要先問孩子的意願。她認為，孩子沒有意願就會認為這些計畫是父母親要他去做的，沒有動機，也就失去了目的性。後來，她跟念國中的兒子見面之後，孩子因為害羞，又認為自己不會唱歌跳舞，於是拒絕了這個天大的好機會，我失去了當星媽的機會，但是小燕姐卻教他學會為自己人生做決定。

當孩子學會自己做決定，那麼他當然可以為自己的生活做決定，身為父母只要在旁協助就好。直到現在還是有許多好友問我，「當你的孩子告訴你不生孩子的時候，你真的不糾結嗎？」還有人問我怎麼會答應這門婚事。其實孩子結婚是要找一個跟自己相處的人共同生活，法律上，他已經長大到不需要經過我的同意，在情感上，他願意告訴我，已經是很好的親子關係，至於生孩子的糾結，在我心中也曾經一閃而過，但是我不擔心送終問題，也沒有傳宗接代的壓力。

一位朋友婚後生了三個女兒、一個么兒，生活幸福美滿，後來他把大部分的家產交給兒子，希望女兒體諒父母親資產傳承的用心，不希望財富流向外姓人家。還好女兒們事業有成，夫家也都算富裕，並沒有太多抱怨。多年之後，小兒子結婚，生了四個可愛公主，朋友終究必須認命，可以計畫盤算的只有自己這一代，下一代之後他也無能為力。其實，真正的關鍵點在於生兒育女不是傳承財富，而是要享受養育的生活時光，畢竟人生的盛宴，吃過嚐過經歷過，才是豐盛的人生。

有一天我在抱小孫孫的時候，媽媽突襲似的問了一句，「不要騙媽媽，你還是希望兒子生孩子的對吧！」當下我告訴媽媽，我只是擔心兒子沒有生孩子，家庭生活少了重心，當他老了，我不在了，他身邊沒有人陪伴很孤單，這是我一貫的想法，沒有改變。

科技帶來生機

儘管兒子跟媳婦在疫情期間先公證登記結婚，並開始展開做人計畫，但是種種規劃並非一蹴可成，期間也經歷過很多金錢和情感上的失敗與打擊。當時他們以為先登記結婚就可以拿到十萬元的試管嬰兒補助，但是開始進行試管之後，才知道費用遠高於政府的補助，而且如果失敗，不但花費打水漂，心理層面的打擊更加巨大。

期間，我也參加了媳婦的生育療程，她的醫生華育生殖中心的院長徐明義，當著我們的面問了媳婦相當關鍵的一句話，「你的情況可以讓媽媽知道？」媳婦想了一下，點頭表示可以。我詢問醫生，怎麼當面直接詢問這樣尷尬的問題，但他認為，女性在做人工生殖的過程中會面臨來自家人的龐大壓力，有的來自母親、有的來自於婆婆，因此必須當面讓家人清楚知道界線所在，這樣才能發展出健康的醫病關係。

我也在這個時期學到很多的醫學常識。說來好笑，直到過了更年期，邁向老年之後，才發現自己身為女性卻對卵子一無所知。我只知道卵子一個月排一個，殊不知女性的卵子數量和品質，從出生那一刻起就已經決定了，隨著年齡增長，卵子數量會逐漸減少，品質也會下降。然而，這樣的重要資訊，很多女性卻都不知道，直到年紀增長，真正面臨生育困難時才意識到自己的卵子已經數量不夠或是不夠健康了。

現代社會越來越多女性選擇晚婚、晚育，轉而將職場與個人目標放在首位，但根據徐明義院長所說的科學事實：女性的最佳生育年齡大約在二十到三十歲之間。三十五歲之後，生育機率會明顯下降，卵子的品質就成為懷孕最大的挑戰。

而男性則不同，從青春期開始，男性精子是通過睪丸中的精原細胞持續生成，從青春期開始直到晚年，精子都能不斷產生。根據醫學研究，精子生成的週期約為六十四到七十四天，所以男性在生理上擁有持續產生「新鮮精子」的能力，儘管年齡增長也會對精子品質產生影響，但影響的程度較女性卵子明顯下降來得溫和許多。

後來我知道媳婦的卵子數量並不多，每天都需要打排卵針，然後進行取卵手術，取出的卵子還需要經過一系列的檢查跟篩選，當然如果可以取出多顆卵子，選擇出好卵子的機會更大。我記得針劑必須存放在冰箱保持溫度，媳婦每天都要在肚子上扎針。我是個怕針的人，有一回在中醫診所針灸，看到中醫師拿著一根好大的針，自己當場休克暈過去，害得中醫診所必須叫救護車送我去急診。有著針劑恐懼症的我，看到媳婦自然的對著肚皮扎針，心裡只覺得自己彷彿比她還痛。

除了例行的打針刺激排卵，之後還有取卵手術，在累積一定數量的卵子進行篩選，再跟精子結合成受精卵。受精卵也要經過一系列的生物檢查，這個過程很像我們在懷孕之後，定期做胚胎檢驗，而受精卵則是在體外做好檢查之後再植入母體。當胚胎完成著床之後應該就是成功的最後一哩路，但是胚胎還需要繼續做檢查跟篩檢，同時也要關心胚胎有沒有正常長大，有好幾次胚胎沒有長大，我也跟著他們流下失望的淚水。

我曾經告訴媳婦，「最後一次，如果不行就算了。」我知道身體上的壓力跟精神上的失望耗損，都不利於新婚夫妻的關係建立。後來我的工作量變大，比較少陪他們就診，有一次孩子打電話給我，「你快要可以當奶奶了！」我高興到淚流滿面，還預訂了住家附近的居酒屋，叫他們看完報告之後回來慶祝。

然而隨著訂位時間已過，兒子都沒有打電話來，直到過了吃飯時間也沒有回家，我只能先取消訂位，克制自己不要打電話詢問。過了一星期之後，我問孩子：「是這個星期要看報告？」孩子眼眶紅了，幽幽地吐出一句話，「媽媽，分數最高的那顆蛋沒了……」

當下我感受到孩子的傷心，自己也很揪心，但是他把胚胎說成「那顆蛋」，我只覺得非常好笑。我告訴他，我懷你的時候也不知道你是幾分，但是生出來之後，你就是一百二十分，你雖然失去分數最高的，但還有幾個分數還可以的蛋啊。

生育時機的天花板

除了我自己的兒子媳婦之外，其實我希望更多人能夠提早認知自己的生理特性，為未來的人生規劃做好準備。我跟徐明義院長曾經就這個議題有過幾次談話，他認為應該要推動生殖公共教育，從校園的性別平等與生殖健康教育中開始普及生育知識，院長提到，目前學校的健康教育經常聚焦於避孕與性別尊重，但對於生殖系統的長期健康與生育能力的自然衰退卻很少提及。如果能在高中甚至大學階段加入這樣的課程內容，幫助年輕女性了解自己的身體，讓她們知道，每位女性出生時擁有約一百萬顆卵子，到了青春期後就減少到三十萬顆，但其中只有四百到五百顆卵會在女性一生中被排出。過了三十五歲之後，卵子的數量和品質會急劇下降。雖然現代醫學中有試管嬰兒、凍卵等技術，但仍無法完全抵消生理老化的影響。透過學校的健康教育課程或工作坊，讓這些知識成為女性成長的一部分，而不是讓她們在面臨生育問題時才被迫了解或是慌亂地尋找解方。

政府單位也不要只提供金錢補助，可以運用短影片或是動畫，比如模擬卵子從青春期到更年期的減少過程，幫助女性更直觀地了解年齡對卵子的影響。此外透過案例分享，邀請曾經進行凍卵或試管嬰兒的女性分享親身經歷，讓更多人感受到提早規劃的必要性。另外，我也認為應該要透過社群活動、互動來推廣相關知識：結合Instagram、Facebook或YouTube的貼文和直播，鼓勵女性主動提問、參與討論，提升生育健康話題的曝光率。

目前還是有許多女性對「凍卵」仍存有誤解，認為這是生育無望的最後手段，或是一個不自然的選擇。事實上，凍卵是一項科學技術，為現代女性提供了一種「延緩生育時間、減少年齡對生育影響」的保障。透過知識的傳播來提升認知，為凍卵去污名化，讓凍卵成為女性生涯規劃的一部分。醫療機構應該積極介紹凍卵的流程、費用與風險，降低女性對這項技術的陌生感。鼓勵企業像國際科技公司一樣，為員工提供凍卵補助或諮詢服務，將凍卵視為一種職涯規劃工具，而非壓力來源。或是在例行健康檢查中，加入卵巢功能（AMH指數）檢測，讓女性及早了解自身的生育能力，進而考慮是否需要凍卵。

儘管男性通常不需要凍精子，但在某些特定情況下，凍精子仍然是一項選擇。例如男性罹患癌症，特別是需要進行化療或放療時，由於這些治療可能損害睪丸功能，導致生育能力喪失，因此提前冷凍精子是一種保險措施。其他例如從事可能影響生育能力的高輻射、化學暴露或高壓職業（如軍人、消防員）的高風險行業族群，也可能選擇凍精子以保障生育能力。或是計畫晚婚晚育的男性可以選擇冷凍精子，以確保未來能夠使用更健康的精子。

創造正向的社會支持與對話，來消除社會或其他人對晚育與女性選擇的偏見。許多女性推遲生育的原因，除了追求職業成就，還包括來自社會對於不婚、不生的期待和壓力。如果我們能在文化上對多元選擇更加包容，就能減少女性的焦慮，讓她們更專注於自己的人生規劃。凍卵並不是鼓勵所有女性都晚婚或晚育，而是希望提供一種選擇和保險。如果這些選擇能被社會接受並且合理化，也就能夠降低女性對這項議題的排斥心理。

卵子健康不應該成為壓力，而是一項重要的知識，幫助女性更好地掌握自己的人生。提早了解自己的生殖健康，並勇於探索科技與醫療的可能性，或許能讓女性在未來擁有更多選擇權。

對每一位女性來說，最重要的不是年齡，而是知識與行動的力量。因為早知道，可以早選擇！

敢婚敢生的新世代

台積電的員工這麼敢生

台灣是全球生育率最低的國家之一，但台積電的員工卻有著非常高的生育率。台積電董事長魏哲家曾說台積電員工生育率是台灣平均水準的五倍，讓人不禁好奇是因為薪水高還是股票多，讓台積電的員工比一般人更敢生呢？

在台積電的德國廠開工時，德國總理蕭茲致詞強調：「未來技術可預見將會更依賴半導體，但我們絕不能依賴世界其他地區的半導體供應。」道出在全球地緣政治角力戰中，對穩定晶片供應的迫切要求。

而台積電董事長魏哲家在致詞時，先是向德國政府致謝，透露自己最初和德國總理見面時，原本準備了一段漂亮的話，打算婉拒在德國設廠，沒想到德國總理一開口就說已經幫台積電留了預算，讓他最終只能回答「是的，我們計畫在德國設廠！」他也幽默表示，這是一切的開始，謝謝總理，下次他會學習「如何更好地說不。」

此外，魏董事長也提出台積電在德國的總投資超過一百億歐元，將創造大約二千個工作機會。最重要的是，台積電的員工有著非常高的生育率。台灣的生育率是全球最低的國家之一，但台積電員工生育率是台灣平均水準的五倍，他以生育率來比喻半導體人才重要性，期待能在德勒斯登創造同樣的現象。

五倍這個數字是如何計算出來的呢？

台積電在全台灣雇用七萬多名員工，不到全國人口的千分之四，但是這七萬多名員工在二〇二三年為國家貢獻兩千四百六十三名新生兒，佔台灣十三點五萬新生人口的百分之一點八，計算台積電員工的生育率大約是全台灣平均生育率的六倍，顯然魏哲家董事長的「五倍說」比起現實狀況還更加保守一些。

關於台積電員工生育率高的原因，可能有幾個因素可以解釋：**「薪資與福利優越」**，台積電作為全球領先的半導體公司，給予員工的薪資和福利待遇相對優渥。這使得員工在經濟方面更加穩定，能夠負擔子女教育、養育成本，減少因經濟壓力而選擇推遲或不生育的情況。**「穩定的工作環境」**，台積電提供相對穩定的職業發展機會，員工不用太擔心失業，這種安全感可能促使員工更願意規劃生育。**「員工平均年齡較年輕」**，台積電的員工以青壯年為主，這些年齡層的人正處於適合生育的黃金期，他們在職場站穩腳步後，會更有意願組建家庭。**「育兒支持與職場平衡」**，台積電可能提供家庭友善的政策，如育嬰假、彈性工時、托兒服務

❶ 台積電員工生育率
台積電有 70,000 名員工。
這些員工 2023 年生了 2,463 名新生兒。
台積電員工的生育率 = 2,463 / 70,000 = 0.03518（或 3.518%）。

❷ 全台灣平均生育率
台灣 2023 年有 135,000 名新生兒。
台灣總人口大約是 23,000,000 人。
台灣的生育率 = 135,000 / 23,000,000 = 0.00587（或 0.587%）。

❸ 台積電員工生育率是台灣平均生育率的幾倍？
台積電員工生育率 / 台灣平均生育率 = 0.03518 / 0.00587 ≈ 5.99。

等，這使得員工可以更好地平衡工作和家庭，減少生育的顧慮。**「企業文化與團體效應」**，大企業通常會有一種集體氛圍，特別是員工之間有類似的生活階段或價值觀，看到同事們陸續生育，會讓更多人考慮跟隨這樣的生活模式，這也是一種企業文化的影響。

總體來說，台積電高薪、穩定的工作環境，以及可能存在的家庭友善政策，都讓員工更願意生育。此外，台積電作為科技產業的領導企業，其員工的生活條件可能比一般人口更優渥，這也促使他們更願意承擔家庭責任和養育孩子。

年輕有為的棒球國家隊

二〇二四年世界棒球十二強大賽中，台灣隊打敗其他隊伍奪得冠軍，選手們的精彩表現讓全國振奮。然而，隨之而來的話題，除了賽場上的運動實力，還有他們在生活上的規劃。許多球員年紀輕輕便選擇結婚生子，這現象不僅令人驚訝，更反映了職業棒球選手在經濟條件和早婚早生的特殊性。

台灣選手在訓練過程是極為辛苦的，但是職棒選手可以在年輕時便擁有不錯的經濟基礎，個人認為這是他們得以更早規劃家庭計畫的關鍵。

以下是來自媒體，部分十二強賽出賽球員的薪資、婚姻及育兒狀況：

球員	年齡	婚姻狀況	育兒情況	月薪	12強賽獎金
戴培峰	24	已婚	育有一子	20萬	約一千一百萬元
曾頌恩	24	已婚	育有一子	估13萬	約一千一百萬元
張政禹	24	已婚	育有一子	17萬	約一千一百萬元
江坤宇	23	已婚	尚未生育	54萬	約一千一百萬元
林昱珉	21	已婚	育有一子	約10萬	約一千一百萬元
陳傑憲	30	已婚	育有兩子	63萬	約一千一百萬元

就經濟條件來說，即使是剛出道的新秀，台灣職棒選手的月薪多落在台幣十五至三十萬元之間，隨著表現提升，薪資也可能快速成長。至於國際賽獎金，以世界十二強賽為例，冠軍隊的選手可得到至少新台幣一千一百萬元的獎

金，這成為他們短期收入的額外補充。另外還有代言與廣告收入，知名球員如陳傑憲，還能透過商業合作、品牌代言等額外商業活動獲利，進一步提升經濟穩定性。

這樣的高收入保障，讓這些二十多歲的年輕人有足夠的經濟能力買房、結婚，甚至提早生兒育女，無需擔憂傳統的「養家壓力」。

除了收入之外，選手都有職業生涯的黃金期，因此有提早規劃人生的必要性，棒球選手的職業生涯通常集中在二十到三十歲之間，這段時間是他們運動生涯的巔峰期，也意味著他們必須更早規劃未來。早婚早育對球員而言有幾個優勢：

首先是「**經濟條件允許**」，收入穩定使他們能同時兼顧職業與家庭責任；其次是「**家庭成為精神支柱**」，許多球員認為，家庭的支持能讓他們在賽場上更專注，成為追求卓越表現的動力。有前輩指出為了退役後的轉型考量，及早完成家庭規劃，能讓他們在退役後更順利地轉換角色，無後顧之憂。

此外也有心理師認為，這些年輕球員在青少年時期便接受高強度的訓練與紀律教育，心智成熟度遠高於一般同齡人。他們對「成家立業」抱持著傳統且積極的態度，認為家庭是人生中不可或缺的一部分。尤其球壇前輩如陳傑憲等人的榜樣作用，也讓年輕一輩看到職業與家庭可兼顧的可能性，形成正向循環。

台灣棒球選手在年輕時就選擇結婚生子，並非偶然，而是有其經濟基礎與成熟人生觀的支撐。穩定的職業收入、國際賽事帶來的獎金，以及家庭作為精神支持的角色，使他們得以提早完成家庭規劃，並專注於球場上的巔峰表現。他們不僅是賽場上的英雄，也是現代社會中收入與生活幸福平衡的成功典範。

積極改善生育大環境

但是如果不在台積電工作、不是職棒球員就無法生小孩了嗎？

根據二〇二四年第四季，一〇四人力銀行分析最近十年超過四百八十八萬筆求職會員薪資，反映近年缺工、物價上漲，以及基本工資連續多年調漲，平均薪資逐年增加，十年增加八千五百一十二元、十年增幅百分之二十二點三。其中，二〇二四年「薪資領先群」以軟體工程六點五萬元最高，「薪資落後群」中行政總務以三點六萬元敬陪末座；「薪資增幅領先群」年漲逾百分之五的職業類包括：環境安全衛生、營建施作、生技醫療研發、餐飲、軟體工程；「薪資增幅落後群」之中採訪記者、美容美髮等行業幾乎是零成長。

目前台灣政府提供的生育補助計畫涵蓋了生育津貼、育兒津貼、托育補助及育嬰留職停薪津貼等多項措施。例如：新生兒家庭可申請一次性生育津貼，各縣市的補助金額從新台幣四萬元（如台北市）到更高的金額不等。針對未滿兩歲幼兒，中央政府每月提供育兒津貼，金額根據孩子的出生順位遞增（第一胎五千元，第二胎六千元，第三胎七千元）。若幼兒送托至公共或準公共托育機構，家庭每月可獲得高達一萬三千元的托育補助。

此外，勞保、農保等保險體系也提供了生育給付，若父母選擇育嬰留職停薪，還可領取每月津貼。然而，這些補助更多是針對普惠性與基本保障設計，而未能涵蓋高成本或特殊生育需求（如試管嬰兒、代孕、收養等）等項目。

相較之下，國際大企業如 Meta、蘋果、高盛、嬌生等，將生育福利視為吸引與留住人才的重要策略，提供針對性極強的高額補助。例如：Meta 每年提供試管嬰兒（IVF）補助高達六到八萬美元，並提供十六週帶薪產假。蘋果提供凍卵補助（兩萬美元上限）、十六週產假、收養費用補助等。高盛甚至為員工提供每年三點五萬美元的收養與代孕補助，並增加至二十週的帶薪產假。

這些企業所提供的福利遠遠超越基本保障，重點在於解決員工可能面臨的高額生育成本，並提供全方位的專業支持（如心理輔導、專業生育顧問等）。比較台灣政府與這些企業所提供的協助，可以看出兩者所著重的部分有著相當的差異。

出發點的不同

台灣政府的政策設計更多關注全體國民，重點是普惠性與公平性，資金需要分散使用。而國際企業的福利政策則專注於核心員工，目的是在激烈的勞動市場中吸引與留住高技能人才，因此能集中投入大量資源。

資金規模的限制

台灣的生育補助主要依賴公共財政，資源有限；同時，人口高齡化帶來的養老壓力也限制了對生育補助的投入。而國際企業以利潤為支撐，能為特定人群提供高額資助。

文化與社會背景的影響

台灣的生育政策仍更多集中於傳統家庭模式，對凍卵、代孕等敏感議題的支持有限。而國際企業在包容性與多樣性方面的進步，使其福利能覆蓋更多不同背景的員工（如同性伴侶、單親家庭）。

從這些比較中可以看到台灣政府能夠借鑑的部分，透過政策的調整建立更適合育兒的大環境，協助民眾解決生育的難題。

❶ 政府政策應加強針對性支持，在現有普惠政策基礎上，台灣政府可以考慮增加對高成本生育需求的專項補助。例如：提高試管嬰兒的補助金額，並提供多次嘗試的資助。導入對凍卵、代理孕母、收養等特殊需求的支持，滿足多元化家庭的生育需求。鼓勵企業參與，建立公私合作模式。

❷ 政府可透過稅收優惠，鼓勵企業參與生育福利的提供。例如設立「生育福利基金」，讓企業與政府共同分擔資金壓力，為員工提供更高額、更全面的支持。

❸ 提升制度彈性，緩解育兒壓力除了生育補助，台灣應該要完善托育與育兒支持，例如：增加育嬰假彈性，讓父母能根據實際需求調整工作與家庭的平衡。提高托育補助金額，並擴大準公共托育機構的覆蓋範圍。

❹ 重視長期結構性問題。台灣的低生育率的背後還涉及了房價高、薪資低、工作壓力大等結構性問題，政府需要從改善整體生活條件入手，讓生育不再成為年輕人的沉重負擔。

在全球低生育率的背景下，如何支持生育、減輕家庭壓力成為各國政府與企業的重要議題。近年來，台灣政府推出多項生育與育兒補助計畫，試圖扭轉低生育率的困境。然而，與國際大企業提供的生育相關福利相比，其差距反映了不同的政策定位與資源投入，但同時也啟發了未來的可能方向。未來，台灣應結合企業資源與政策創新，從針對性支持、多元化福利到長期結構性改善，讓生育成為更可行、更無壓力的選擇。

近年來，高齡化和少子化趨勢導致台灣的扶養負擔逐年加重，影響社會福利、醫療保健和長期照護等資源需求的分配。隨著工作年齡人口比例下降，經濟活力可能受到影響，生產力和國內需求減少，社會安全網的壓力加大，並可能影響到政府財政狀況。

這些趨勢顯示出台灣在面對人口老化問題上，需要加速推動政策來應對。例如，可能需要調整退休制度、增加育兒支持、鼓勵高齡人口參與勞動市場，以及引進外籍勞工等，以緩解人口結構變化帶來的經濟衝擊。

事實上，很多國家都面臨著人口下降的挑戰，有些解決方案看似有效，卻往往難以落實或達到預期效果，這背後的原因涉及到政策執行的複雜性和社會層面的多重挑戰。

首先，是「**社會價值觀的轉變**」，「生育意願低落」是現代社會年輕人生育觀念上最明顯的改變，許多人更重視個人自由、事業發展和生活品質，而不願承擔生育和養育的壓力。其次是「**家庭結構變遷**」，結婚與生育的觀念改變，使得結婚率和生育率下降，即使政策提供補助，生育意願仍難以提升。另外還有經濟負擔重，由於生活成本高，在房價、教育和生活成本持續攀升的情況下，年輕人面臨沉重的經濟壓力，導致許多人選擇不生或少生子女。補貼和津貼往往不足以彌補養育子女的高昂成本。由於很多國家（包括台灣）薪資增長停滯且生活成本上升，讓年輕世代無法累積足夠的財富支撐生育和家庭生活，甚至加劇對未來的擔憂。

目前的社會支持體系不足，由於「**托育與照護資源缺乏**」，即使政府推出生育補貼，卻缺乏完善的托育服務，例如在台灣，很多新生兒父母都因為托育問題不敢生小孩。事實上，台灣少子化的問題，造成國家並未將預算放在嬰幼兒照顧，公托不足，私校又無法納入公部門進行管理，增加育兒的困難。「**短**

期與長期利益衝突」，讓家長無法兼顧工作和育兒，對職場友善的支持也有限，導致部分家庭選擇不生育。**「老年照護壓力」**，隨著老年人口增加，家庭需承擔更大的照護責任。這讓許多年輕人不得不將資源集中在照護長輩上，進一步降低生育意願。

此外，**「高端人才的流失」**也是一大問題，許多國家在全球競爭中難以留住年輕人才，尤其是高技術專業人才，導致勞動力進一步減少，加重人口負成長的挑戰。**「移民政策的限制」**，部分國家對移民的接受度有限，難以透過引進外籍勞動力來填補人口下降的空缺。現代社會面臨快速變遷，科技發展和全球化帶來的競爭加劇了人們對未來的焦慮，讓年輕世代充滿對未來的不確定性，而更傾向於選擇單身或不生育。最後**「孤獨文化的興起」**也是一個明顯的特徵，一些國家出現「低結婚、低生育」的文化趨勢，年輕人更重視個人生活的品質，不願意被家庭生活束縛，這在日本、韓國等地特別明顯。

為了讓這些政策真正產生效果，或許需要更全面的策略和深層的社會變革。

❶ **長期穩定的政策支持：**不僅是推出短期的補助，還需要長期穩定的支持，讓年輕人有信心對未來的生活做出承諾，例如持續的教育和育兒

補貼、穩定的住房政策等。

❷ **加強教育與宣導：**透過教育和宣導，讓年輕人理解生育與家庭生活的重要性，並改變部分人對生育的負面認知。

❸ **提供全面的托育和醫療資源：**增加托育、教育和醫療資源，減輕家庭在育兒和照護方面的負擔，並優化工作環境，讓家庭更願意生育。

❹ **多層次的移民政策：**引入適合的移民人才，不僅僅是高技術移民，還可以適當考慮中技術工種，來緩解勞動力短缺。

❺ **轉變文化觀念：**鼓勵社會形成更支持婚姻和家庭的氛圍，例如加強企業在家庭支持方面的角色，推廣工作生活平衡，並減少職場上對生育的隱性歧視。

❻ **加大對經濟結構的調整力度：**經濟增長和產業升級應與人口政策緊密配合，創造更多的優質就業機會，提高年輕人收入水平，讓他們有更多的資源和信心來養育下一代。

解決人口下降的問題需要多方合作，並不是單一政策就能見效。政府、企業、社會團體和個人都需協同努力，改變政策的執行方式，甚至改變整個社會對於生育、家庭和生活的價值觀，才能真正產生深遠影響。

讓同儕成為成家之路上的神隊友

在成長過程中，每個人總會遇見志同道合的朋友，陪伴彼此走過青春歲月，分享喜怒哀樂，這些人有可能是你學生時代一同熬夜讀書或是分享青澀戀情的同學，也許是工作後一起喝酒聊天、抱怨工作的朋友。你以為，人生到此便是圓滿，但真正的驚喜，往往是在人生的下一個階段悄悄降臨——當你發現，這群好朋友竟然可以成為育兒路上的「黃金隊友」，真的是一件比中樂透還要幸福的事。

在孩子還小的時候，我總是喜歡邀請他的好同學到家中歡聚，一來是我喜歡人多熱鬧，而且青春期的孩子食量超大，到家裡來吃飯總有本事把食物一掃而空，對於廚藝平平的我，很是激勵；二來，我希望了解孩子的交友圈以及朋友的屬性，與其擔心孩子交錯朋友，不如就近生活觀察就能夠了解大半。孩子的夥伴有高中、大學的同學，還有他表哥的同學、朋友，大多數的朋友都是由小看到大，少數是在工作之後結交的朋友。兒子的廚藝精湛，常常會在家烹煮食物，邀請同學好友一起歡聚，有好幾年的耶誕或是跨年時刻，兒子總是期待有人可以把我約走，這樣他就可以在家開趴了。

漸漸的，他們的人數變多了，攜伴參加活動的人也變多了，此外他們也會相邀國內外旅遊。因為年紀相仿，大家吃得用力、玩得起勁，我也很喜歡他們的女伴，很多時候，我也會加入他們的局，跟女生分享馭夫之道，後來我的侄兒禹丞先跟雅雅結婚，接下來我兒、江昊、智丞、律堯先後在一兩年間結婚了。大概是兄弟之間也有拚場氣勢，直到他們一同走進人生的下一階段，這才是讓我驚喜的開始。

很難想像他們年少時一起吃喝玩樂，接下來成家後攜手步入婚姻，如今更是「不約而同」迎接新生命的到來。他們不僅共同預約了同一間月子中心，就連選擇的奶粉、尿布都一模一樣，彼此之間的默契早已超越生活的瑣碎，成為一種心照不宣的理解與支持。

當他們帶著孩子拜訪朋友時，完全不需要準備奶粉和尿布，因為每個家都可以是「第二個家」。爸爸媽媽一起照顧孩子，順便聊育兒經驗，還未有女伴的智文也加入實習行列，而大家也能在一起輕鬆交談吃喝，呈現一種「共同養育」的美好。

因為兒子媳婦工作關係，我常常必須加入育嬰的支援體系，但是如果人手不足，我一打二分身乏術，兒子就會呼叫正處於育兒階段的兄弟們一起來家中支援，形成有趣的育嬰保母團。

其實現代人不敢生育孩子，考量的不外乎是金錢以及照顧人力的壓力，看到孩子的同儕力量，我發現這是多麼堅強且實際的後盾。我的媳婦曾經分享自己在迎接新生命時，所面對的挑戰與壓力：夜晚新生兒無數次的哭鬧、母親產後的疲憊、經濟與時間的重新分配。生兒育女這條路並不輕鬆，但當你身旁有一群同樣經歷的朋友時，一切彷彿都變得沒那麼困難。

當你為孩子的發燒而慌亂時，朋友們會傳遞網路資訊互相陪伴，當生活變得一團亂時，這群朋友就會告訴他：「我們也一樣，沒關係！」原來這份理解與共鳴，是為人父母之間最溫暖的連結。

這群朋友不但是兒子人生旅程的同行者，更是孩子們最親密的「叔叔阿姨」或是「舅舅舅媽」。小孩們從嬰兒時期就在一起，長大後也自然成為彼此的玩伴，甚至可能是彼此人生中最早的朋友。難怪兒子告訴我「養孩子需要一個村莊的力量」，而這群朋友，大概就是「現代村莊」的最佳寫照。

當我們談到「生育」，有些人會猶豫、害怕，擔心未來的負擔，甚至覺得自己無法勝任父母的角色。但事實上，生育從來不是一個人的戰鬥，除了家庭的力量之外，還可以透過「同儕力量」讓這條路變得溫暖且充滿希望。

某天我看著這群人來家中歡聚的時候，想到這些以前只會熬夜打遊戲、開心喝酒的孩子們，現在也成為負責任的爸爸跟媽媽了，他們一起聊奶粉配方、討論小孩副食品，甚至互相支援育兒工具與心得。這不但是一種友誼的升級，更是一種人生的延續與傳承。

很慶幸孩子有一群這樣的朋友時，讓他人生的每個階段都會變得格外豐盛。他們一起走過青春、愛情，而現在則是在為人父母的階段同行前進。我常常認為生育是一份挑戰，但同時也是一份無可取代的幸福，所以我鼓勵年輕人勇敢迎接這份人生的禮物，尤其當你有一群好朋友的時候。記得，一起談戀愛、一起結婚、一起生兒育女、一起坐月子、一起帶小孩，一起享受共同成長的幸福。

由租屋到買房的獨立之路

孩子們的成家之路

孩子有了家庭之後，離家高飛是必然的選擇。因為疫情的關係，過去幾年大家住在一起，喜歡煮食的兒子負責料理一家人的吃喝，我發現兒子與媳婦的分工很好，一個煮飯，一個善後，我通常會裝忙，不介入他們在廚房的身影，總之有得吃又不用洗刷善後，就是幸福的婆婆。有一回，我看到他們坐在餐桌一起剝蒜頭，一下打鬧，一下有說有笑，心裡特別的感動。

然而生活不是只有幸福一面，各種小衝突終究還是會發生，這也引發兩人決定要搬出去的想法，我的心中還是有著不捨，企圖用租屋費用以及未來孩子出生之後的負擔來說服他們，希望能夠延後搬家的時程。但是太多過來人勸我不要「留來留去留成仇」，長久思考下我也覺悟「長痛不如短痛」，就算會痛也要在小痛的時候為未來關係做出最好的決定。

他們所租住的新屋，地點距離原本的家很遠，不管地點、空間、租金價格，我完全不滿意。但是孩子搬新家的時候，我告訴他舊床留在家中（我擔心他把舊床搬走，意味著以後不會再回來住），我買新床給他們睡，畢竟送不起一間房，送一張大床給孩子用，也可以當作是贈送給他們的喬遷禮物。

租屋在外的他們，還是常常回來家裡吃飯，兒子有一天告訴我，年輕的時候，喜歡跟朋友吃飯，不喜歡跟大人長輩吃飯，現在因為跟爸媽吃飯比較豐盛，所以需要補血的時候就來找爸媽，而我們也樂於扮演這樣的角色。

有幾次，我擔心孩子租屋的壓力大，會塞錢放在他的外套裡，他竟然告訴我說他有錢，叫我把自己賺的錢拿去玩。後來我常常告訴他，我多訂了牛肉以及海鮮，叫他幫忙帶回家吃，就跟天下所有的母親一樣，孩子吃飽了，母親就安心了。

除了送寢具給孩子那一次，之後我並沒有再去孩子的租屋處。可能是第一次去的時候我叨念了一句這麼小的空間，租金這麼貴，所以他們也沒有再邀請我過去，不過也因為他們常回家，跟從前比起來，好像只是有沒有睡在家裡的差別而已。

建立新的相處模式

在和孩子相處的過程中，我了解自己孩子的性格比較不耐煩，如果我念他，他會離我更遠；包括現在的妻子在內，他只交過兩任的女朋友，也因為他是怕煩的人。但是孩子不在身邊，我還是少了安全感，有一次我摔倒手骨折了，好友用我的手機通知他，他第一句話就是「媽，你怎麼了」，好友大為吃驚，以為我們有心電感應。其實這是因為平時我不常打電話給他，通常都是用LINE溝通，連需要講電話的時候，也是留訊息要他時間可以的時候再回電，我們都習慣這樣的聯絡及溝通方式，因為我的工作關係，常常需要在空檔的時候才能說電話，這樣的相處模式也建立起一個獨特的原則，「有電話的時候一定是急事或是大事」。

二〇二四年生日那一天，我有工作到桃園演講，當天在公司已經有中廣同仁為我慶生祝福，還有好友送蛋糕以及美食，晚上的演講活動，主辦單位竟然也為我唱了生日歌，帶來一連串的驚喜。一直到我回台北的路上，計程車忽然失速，故障停在高速公路的高架橋上，因為司機沒有準備三角錐警示牌，急忙叫我下車站在路邊，以免車子被追撞。當時因為衣著單薄，也因為橋上風大，我忍不住全身顫抖，急忙撥打手中的電話求救，心想只要找到人聯絡另一部計程車，由我演講的飯店上高速公路行駛十五分鐘就可以接到站在路邊的我。但是我試圖聯絡的人都沒有接電話，最後只能打給兒子，接通的那一刻，我忍不住哭了出來。後來孩子連絡到拖吊車，然後到交流道接我，他不是只有一個人來，車上還帶著我心愛的小孫孫，當我開口跟他抱怨今天的倒楣經驗時，他說，媽媽的人生都是多采多姿的，這個也是好的體驗。我終於相信很多家人的相處有如咫尺天涯，住在一起，但沒有感情的交流；雖然我們現在沒有住在一起，卻是天涯咫尺，一通電話人就會出現。

租屋帶來我跟孩子分離的焦慮症剛剛緩解，孩子就發現租屋的房東鼓勵他們年輕人要買房，不要一直付租金，同時也表達想要把房子賣給他們的意思。

不過因為雙胞胎已經出生，租屋的空間很小，當時很多建案都是有漂亮的門面和公設大廳，但是室內空間極小，有的房子甚至只有一面窗戶，再加上房東提出的售價依然高於市場價格，也讓孩子動了自己買房子的念頭。剛開始，我的好友琳琳帶著他到處看房子，我並沒有一起跟去，畢竟世人常常是別人的話都聽得入耳，但是家人的話卻覺得刺耳，老一輩人所抱持的「易子而教」觀念即是真理。

對於房子，過去有人曾用一個貼切的比喻，指出房市就像是一輛疾駛的高速列車，我們慶幸自己在當年勇敢一跳，躍上奔馳的列車，但還在月台上的人看到列車快速通過，望塵莫及，大多數人都會選擇黯然離去。

人人都想買到自住也能增值的好屋，尤其在未來要出售的時候要有較佳的報酬率，於是大家都會先考慮「自住」，然後花時間等它「增值」。事實上「增值」與否，其實在「買」的當下就決定了。近年來政府的打房、升息政策都沒有讓房價下跌，由此可知「等」並非上策，如果是需要購屋或是換房的人，必須要深入了解買房的諸多因素才能購買到自己喜歡的「HOME」，而不是價錢最便宜，遠離家人、工作的「HOUSE」。

買下屬於自己的房子

從租金回推購屋能力

後來我因為工作訪問到愛莉，她由小資族就開始買房，買過地雷屋，也遇過投資客，但是在她下定決心要花時間好好研究之後，發現除了房子本身的條件：屋齡、樓層、格局、通風、採光、屋況之外，在購買房屋的同時也要一併考慮未來好賣的因素。在孩子買房的過程中，她建議兒子用租金回推買房的預算。

一般人在買房的時候會考慮到區域位置，接下來就是如何殺價的問題。我記得有一次兒子看到一個大環境雖然不好，但是室內佈置美輪美奐的小豪宅，屋主表示因為工作調動，所以忍痛割愛，於是兒子急著殺價，屋主也接受殺價（當時社會上的買房氛圍高漲，殺價實屬罕見）。一直到求助愛莉，她發現這間房子經歷過非常多家仲介公司，其中還有價格大幅下降的情況，但最後並沒有順利售出，後來她向銷售人員以及媒體打聽，才知道房屋的問題，也讓兒子沒有買錯房子。

經過幾年的看屋經歷之後，兒子已經心灰意冷，因為中古屋市場都是四、五十年的老屋，價格還高得嚇人，購買老屋還有整

範例 **由兒子的租金回推購屋能力**

- 目前房屋租金為每月新台幣 **35,000** 元。

  3.5 萬 x12/2.4%=1,750 萬（利率因應升息略高計算）

  根據算式若貸款 1,750 萬元買房，則利息和房屋租金相同。

➡ 1,750 萬元回推貸款八成，可購買總價 2,187 萬元的房子，頭期款為 437 萬元。

➡ 1,750 萬元回推貸款八五成，可購買總價 2,058 萬元的房子，頭期款為 308 萬元。每月現金流較有餘裕，不會壓縮到生活其他開支。

理裝修的費用，他根本無力負擔，至於新屋或預售屋，每坪價格已經逼近百萬元。有一次跟鄰居到遠一點的市場購買小農種植的青菜，回家途中看到新大樓的預售建案，還是知名的建商，鄰居隨口向門口警衛問一句請問一坪多少錢，警衛回答一百多萬，我們忍住驚嚇，擠出問句，「可以看一下嗎？」警衛說要預約喔，可能要等好幾個星期，聽到這裡我們頭也不回就走了。

有一天，兒子忍不住問我：「連資深財經節目主持人夏韻芬的兒子都買不起房子，到底是哪裡出問題？」我沒有掉入他的問話陷阱，直接回答「他兒子的問題」。

持續的看屋帶來持續的挫敗，正當他們考慮是不是要換大一點的房子持續租屋時，仲介傳來一件還沒有公開的案件，也是一間中古屋，老夫妻的子女都在國外，兩老決定賣房回鄉下老房子生活。當時我們人在國外，兒子和媳婦帶著雙胞胎去看屋，老夫妻特別喜歡帶著孩子的小夫妻，於是直接談定了價格，剛好落在孩子期待價格的上限，於是這幾年對房子的尋尋覓覓終於定案。

這間房子是各種妥協之後的選擇，房子沒有管理員收件、沒有收垃圾的管理項目，但他們選擇了交通便利、覓食方便以及附近有個公園可以溜小孩的優點。

父母的猶豫與抉擇

決定買房子之後，就進入頭期款以及貸款的考驗，我在《富樂中年學》中曾經提到絕對不要輕易幫孩子買房、不要幫他們付頭期款，以免孩子不接受好意，結果爸媽還得因為幫孩子繳房貸而延後退休。但可能是因為有了小孫孫，現在我的態度跟觀念都變得溫柔了起來，我決定和他爸爸一起負擔頭期款，但是不介入房屋的修繕及貸款。

天下父母心，資助孩子最大的前提是要先為自己準備好退休生活費，把自己照顧好，就是給孩子最大的禮物，讓孩子可以安心的成家立業，也不用擔心你的晚年花費。想要拿錢協助孩子成家，也千萬要留意目前贈與的免稅額度是每人每年有兩百四十四萬元，也就是說父母雙方各有兩百四十四萬的額度。另外父母還可以各自對孩子的婚嫁贈與一百萬財產的免稅額，所以光是父母親其中一方（兩百四十四萬＋一百萬的婚姻贈與）就有三百四十四萬的額度，而且這個贈與是不用繳稅的。如果夫妻兩人共同規劃的話，免稅額合計就是六百八十八萬元（三百四十四萬乘以二）。

由於每年有兩百四十四萬的免稅額度，因此，在心有餘力的情況下，最划算的合法節稅是在二個年度間跨年來執行。假設新房十二月交屋，孩子安排在隔年三月結婚，你就可以在今年底前執行兩百四十四萬的免稅贈與，隔年孩子結婚時再執行一次三百四十四萬（兩百四十四萬加一百萬的婚贈）的免稅贈與。如果夫妻共同規劃的話，免稅額合計將達到一千一百七十六萬。現行的結婚贈與

夫妻贈與子女財物的免稅額度

項目	贈與人		
	夫	妻	合計
基本免稅額	244	244	488
子女婚嫁免稅額	100	100	200
全年可運用總額	344	344	688

單位：萬元

期間認定期間是登記結婚前後的六個月內都可以，所以掌握好贈與的時間，就不用多繳稅，也可以成全孩子的願望。

買了房子後，進入修繕工程的階段，我發現兒子變成全能的設計師，他沒有財力找設計師，但是因為工作的關係認識了工程人員，於是自己親力親為跟他們討論格局跟動線，也開始找關係購買家電公司福利品。有一回我看到兒子自己在拆除、清運，他告訴我這個工作讓他一天省下八千元，比自己的工作收入還高，雖然心中不捨，但是看到他壯碩的身影，我還是為他感到驕傲。

規劃你的還貸計畫

網路上的借貸陷阱

在房貸計畫中，兒子也常常跟我討論「聰明還貸款的方式」，因為在投資市場上常常出現「靠存股配息還房貸」的言論，很多人喜歡存股領息，還有人借房貸來買股票領息或是買配息基金，認為只要配息率可以「Cover」房貸，必然能夠穩賺！如果房貸以年利率百分之二計算，過去曾有案例表明有人靠配股一年利息十八萬，存股收息不但可以「Cover」房貸利率，還可以多賺三十萬元。

在這個案例中，開發金股利從二〇一四到二〇二一年間普遍配發股利在零點三到零點六元之間，甚至在二〇一七年那年出現了溢發的情形，前一年每股只賺零點四元卻配發零點五元現金股利的情況，然而到了二〇二一年發股利一元，就在大家準備好要領第二年股息的時候，公司在二〇二二年股東會時沒有配發股利，而出現了天堂地獄之別。因此二〇二二年是十一年來首次不配股利，這個狀況雖然少見，但是終究還是發生了。

沒有想到借錢投資卻發生了沒有配發股息的狀況，再加上股票買在高點的跌價損失，造成了悲劇。關於這個案例，我認為有幾個關鍵原因：

- All In 不是投資的心態，比較像是投機。
- 買在高點，這是存股者普遍存有的心態，高點表示行情熱，容易出現存股的衝動。
- 沒有想到最壞的情況——不配息。很多人以為借錢投資可以「Cover」房貸利率就好，事實上這個情況再度證實了借錢投資並非固定不變，一旦出現意料之外的情況，將會造成周轉上的困難。

在房貸壓力之下，很多人都想要找聰明還貸款的方式，這時候數位原住民人類就會因為想要賺快錢而出事。有年輕的台大學生在YouTube頻道上分享她在網路金融平台imB被騙的經過，她承認自己雖然有高學歷以及財務金融學系的背景，也在嘗試小額投資且都順利領到利息之後，再向銀行借貸、加碼投資，最後被騙二百多萬元。根據金管會的說法，他們認為P2P屬於民間借貸行為，不屬於金管會的監管範圍，嚴謹一點來說，台灣也根本沒有這種借貸管理的專法，所以既沒有法規也沒有主責部會，除了依據銀行法所規範的詐欺之外，金管會跟數位發展部都說他們並不是主管機關。

P2P基本上就是個人之間直接金融借貸，免去銀行利差。P2P的意思是「點對點」（Peer to Peer），或者也可以說是「人對人」（Person to Person），就是去除銀行中介，直接媒合「借」與「貸」雙方，串接有貸款需求的人以及有閒錢借出的人。講穿了是搶銀行生意，由於目前的法規並沒有鬆綁，於是就有科技公司將私人借貸行為網路化。

在接觸這樣的工具時，首先要想到應該是保障債權，但是偏偏大家看到的不是風險，而是每個月都能收到利息。根據前述女大生所公布的利息收入，這項投資的年化報酬率將近百分之十，如果用最簡單的七二法則來估計，只要七點二年的時間，這位女大生就可以把她投資的二百萬變成四百萬。於是女大生動用了槓桿投資，她說，「借銀行的貸款可以Cover過來，也有意識到自己可能步入龐氏騙局，但她覺得『我不認為我是坐上末班車的人』、『利息本金我應該都可以拿回來』」。

輕易相信網路平台、忽略超高的年化報酬率，以及自信的以為自己不會成為最後一隻老鼠，終究釀成了悲劇。

也有新聞提到有名男子在imB投入一千五百萬元，每個月爽領近十三萬元，算起來，他一年領一百五十六萬元的利息收入，不用十年的時間就能夠回本了！這樣的年報酬率是百分之十點四！這樣高的報酬率卻沒有專責機構在監管，之前就有很多人都提出警告，出事是遲早的事。

所以父母不只是單純給孩子金錢，更要常常關心孩子的資金用途，聆聽他的想法跟他進行討論，才能避免孩子因小失大，造成損失。去年就有業者調查資料表示百萬元年薪的人可以買一千九百四十七萬元的房子，還有人說因為現在處於通膨，應該不要還房貸才是高手，把錢拿去投資，效益高，至少可以Cover房貸，如果購買配息百分之六的基金，配息的金額不僅可以付掉房貸還綽綽有餘。

在這份報告中如果房子的鑑估值一千九百四十七萬元，貸款成數七成，平均利率百分之一點七一，意謂可貸款金額一千三百六十二點九萬，以貸款二十年計算，需每月本利攤還六萬七千零九十一元，一年共八十萬五千零九十二元，如果是年薪百萬元的人，等於百分之八十的收入都要拿來還房貸，還款壓力過大，幾乎無法生活。以貸款三十年計算，每月本利攤還需四萬八千四百二十三元，一年共五十八萬一千零七十六元，也等於是拿百分之五十八的收入來還房貸。

在上述的情況下，年薪百萬元的人想要買兩千萬元的房子，房貸加上生活費支出，幾乎可說是不可能的任務，我想這種情況必須有長輩的資助才能夠實現。

至於在高通膨的情況之下，不還房貸的人是否是高手，那是因為房貸通常是平準式本利攤還，也就是在利率不變時，每月攤還的金額都一樣。當通膨率等於百分之三時，相當於債務價值減少百分之三，例如借一百萬，假設到期也是償還一百萬，但當通膨率等於百分之三時，一年後一百萬的價值等於現在的九十七萬七千元。

要不要還房貸則是自己可以考量的選擇，「不還，有更好的用途嗎？」「可否創造高於房貸利率的收益？」

過去有一個經典的案例，就是假設有一千萬房貸，貸款二十年，利率百分之二，每月攤還五萬零五百八十八元，另外一種作法則是，同樣有一千萬，拿來購買年配息百分之六的月配息商品，每月領取五萬元的配息，剛好拿來付房貸，看起來是相當完美還款方法。後來卻發現配息率是固定百分之六，但是淨值下降之後，配息金額就會減少，例如一樣是配息率百分之六，一百元的百分之六有六元，五十元的百分之六就只有三元。所以不得不多多提醒民眾這個風險的存在。

幸福成家之路

別再等到「存夠錢才行動」，結婚、生子、買房讓你的人生更踏實！

許多人認為結婚、生子、買房這些人生大事，應該等到「經濟完全準備好」才開始，但真實情況卻是：等你真的存夠了，可能早已錯過最佳的機會。其實，真正重要的不是存款有多少，而是如何規劃你的收入與支出，讓幸福日子提早來到。

在兒子的成人以及成家過程中，我看到很多美好的部分：

責任讓人成長

當你進入婚姻、育兒或買房的人生階段，肩膀上的責任自然變重。自己開始考慮的不再只是「我想要什麼」，而是「我的家庭需要什麼」。這種責任感，雖然帶來壓力，但也能讓你成為更成熟、更有規劃的人。

以我兒子為例，在結婚、生子、買房後，他從一個隨性消費者，轉變成了精明的「生活規劃師」。無論是挑選日常用品還是購買家具，他都學會了貨比三家，選擇最具性價比的商品。這種轉變，不僅讓他更加了解財務現實，也讓家庭財務規劃變得理性。

收支平衡，比「存款目標」更重要

很多人害怕生小孩或買房，認為這些事情會帶來無法承受的經濟壓力，但事實上完成這些計畫所需要的並不是一筆巨額存款，而是學會管理收入與支出，做到收支平衡。在我的年代，很多人是在存了錢、買了房再來結婚生子，結果卻存不到育兒基金，也錯過了生育年紀。

如果想要有收支概念，首先要「建立預算表」，記錄每月的家庭收入，列出必要開支（房貸、育兒、日常生活）和非必要開支（娛樂、奢侈品），分清優先順序；其次是「分期實現目標」，房子可以從較小或較遠的地區開始，育兒用品也可以選擇經濟實惠的品牌，逐步改善生活品質。透過適當的理財規劃，即使收入有限，沒有存到一大筆錢，你仍然可以因為收支有度而充實生活。

時間成本比存款更值錢

「等我存到五百萬再生小孩或買房」，聽起來像是穩妥的計畫，但實際上，時間的流逝可能讓你錯失人生中最重要的機會，例如「生育的黃金時期」。生育不僅是生理上的挑戰，更需要體力與精力的支持。越早開始，育兒過程越輕鬆，未來陪伴孩子成長的時間也更長。

其次則是「房價增長壓力」，隨著時間推移，房價漲幅可能遠遠超過你的存款增速。提早買房，不僅能穩住居住成本，還能讓房子成為家庭的重要資產。

壓力也是動力，生活因挑戰而更加充實

有些人擔心房貸會讓日子過得辛苦，此外育兒開銷會讓生活變得壓力重重。但事實上，這些壓力往往是生活進步以及個人成長的推進器，在這之中我認為育兒能夠教會你重新審視生活，有了孩子，你會更有目標地規劃家庭的未來，學會珍惜每一筆收入。

至於房貸則是能強迫你儲蓄，每個月花出去的租金是沉沒成本，但房貸卻是幫你積累資產，未來還能成為家庭的安全堡壘。

幸福的家庭，無法用金錢衡量

及早結婚、生子、買房，不僅是為了完成一個「人生清單」，更是為了體會家庭帶來的幸福與成就感。孩子純真的笑容、另一半的支持與陪伴，這些都是人生中最寶貴的財富。

提早行動，提早體驗人生的另一種美好

很多人總在等「完全準備好」的那一天，但現實情況是，人生永遠不會有完美的準備時刻。提早行動，才能提早適應、提早經歷幸福的果實。在年輕有體力、有熱情的時候建立家庭，未來才能有更多時間享受一家人共同努力的成果。

整體來說，等待財務的「完美狀態」只會讓你錯失大好時機。最重要的是學會規劃，做到收支平衡，讓每一步都踏實可行。早點結婚、生子、買房，不是為了追求所謂的穩定，而是為了讓你及早體驗生活的意義，同時開啟理財規劃的強大動機。

請問 ChatGPT

Q

如果以後 AI 發展成人類心目中的「夢幻情人」，生活上又有做家務、照顧的機器人提供協助，你覺得那時候人類還需要結婚生子嗎？

A

這是個很有趣，也很值得深思的問題。隨著 AI 技術的快速發展，未來確實有可能出現能夠滿足人類情感與生活需求的 AI「夢幻情人」，以及可以協助做家務、照顧生活起居的機器人。當人類的許多實際需求都能透過科技滿足時，「結婚、生子」這些傳統概念是否還需要存在，可能會有各種不同的答案。

Q

結婚的需求會減少嗎？

A

儘管 AI 可以解決許多生活與情感需求，但它能提供的情感終究是模擬的，而不是「真實的」。人類與生俱來渴望真實的連結、血緣關係和歸屬感。這些需求來自人類的本能，不會輕易因為科技進步而消失。AI反而可能會成為一種「補充品」，幫助人們更輕鬆地經營婚姻、撫養孩子、管理家務，而不是完全取代傳統關係。

AI會讓人類對結婚、生子、買房的決策更加謹慎和自由，但不會讓這些需求完全消失。

相反地，它可能促進婚姻和家庭關係的質量提升，讓人類有更多時間與空間去經營更深層的情感與人生意義。

未來，結婚、生子與買房或許會從「必然的選擇」變成「有意識的決定」，這種改變可能讓人類更加珍惜那些難以被AI取代的真實關係與體驗。

第3部

規劃全齡財富藍圖，打造未來之路

在人生的不同階段，我們所要面對的財務需求與挑戰並不相同。

年輕時，最寶貴的資源是時間，而時間正是財務複利效應的神隊友。在這個階段最需要的是學習與行動，避免過度消費與負債陷阱。因此，年輕世代要做的是打好基礎，勇敢投資未來。年輕人應該優先培養儲蓄習慣，建立緊急預備金，並勇敢投入投資市場，利用共同基金或ＥＴＦ等工具累積資本。

中年是財富積累的黃金時期，但同時也是責任最重的階段。在這個時候，穩健的資產配置與風險管理就變得格外重要，既要為子女教育準備資金，也要確保家庭擁有足夠的保險保障。此外，退休規劃也不容忽視，應及早估算未來需求，透過勞退基金、共同基金等工具逐步累積資產。

進入晚年，財務重心轉向保本與現金流管理。穩定的收益來源，例如股息、年金或定存，才能確保生活無虞。

無論處於人生的哪一個階段，穩健的財務管理都要仰賴未雨綢繆與持續調整態度。年輕時勇敢播種，中年時細心灌溉，晚年時靜心收穫。我們用智慧經營財富，也用財富成就人生的意義，這才是理財的終極目標。

因此，在為人生每一站打造財務藍圖之前，請你先花七天的時間盤整一下自己的財務狀況。

用七天思考一生的財務藍圖

財務規劃，不僅是金錢的管理，更是人生的藍圖。當我們靜下心來思索未來的日子，每一筆錢的安排，其實也在構築自己和家人的幸福基礎。這七天的計畫，將會陪伴你一步步梳理人生各階段的財務需求，讓生活更穩定、安心，並在需要時找到適合的支援。人生不斷前行，財務穩定便是那最踏實的後盾。

第一天

思考六大基本開銷

回想日常生活中衣食住行的每一種開銷，都在默默支撐著我們的生活。

今天，我們要從最基本的需求開始談起，明確區分生活中的必須開支，為之後的財務規劃奠定根基。

以下六大基本支出是生活的支柱：

1 生活費：每月食、衣、住、行、教育、娛樂等的開銷，不僅是日常所需，也用於維繫生活的溫度。

2 住宅費：房租或房貸的支出。家是安身立命之所，無論大小，家都是歸屬，這筆費用帶來的是居住的安全感。

3 孝親費：每個月以一點心意來回報父母的養育之恩，為他們的生活添加些許舒適與心理安全保障。

4 教育費：孩子的學費、才藝班、補習班等教育相關支出。教育投資是未來的希望，也是對下一代的承諾。

5 退休儲蓄：每月是否有一點結餘，能為將來的自己儲蓄一份保障？人生走到終點，希望那時候的自己依然有尊嚴、有自由。

6 人生畢業典禮的費用：這是人生最後一筆開銷，是對自己人生旅程的最後安排。無論採取簡單溫馨還是盛大隆重的儀式，都值得用心準備，讓這場告別如同一場畢業典禮，為他人留下美好回憶。

釐清這些基本開銷的定義之後，我建議將它們區分為「必要」和「理想」兩種類型，在自己心中建立一個明確的優先順序。財務的安排，就如同生活的秩序，必須先解決生活的需要，再考慮理想的提升。

第二天

盤點自己有多少錢

今天，我們需要清點現有的資金與資產，這不僅是單純數字上的計算，更是對自己的財務狀況最基礎的認識。你需要記錄銀行帳戶的存款、投資收益，還有負債情形，這樣的清點是為了讓自己能夠掌握目前的資源，對未來才更有底氣。

此外，也需要考慮現金流管理，明確列出收入與支出。無論生活如何多變，穩定的現金流就如同生命中的「安定劑」，讓人隨時都感到安心。或許在這一天，你也可以考慮設置緊急基金，金額大約是三至六個月的生活費，在意外來臨時為自己預留一個踏實的後盾。

銀行帳戶

活期存款、定期存款等現金資源，為生活提供隨時可以使用的流動性資金。

投資報酬

股票、債券、共同基金、黃金等資本市場資產，這是財富增值的來源，無論金額多少，都是讓未來更加豐富的希望。

第三天

打開電腦，做三件事

❶ 建立家庭財務報表：不要再憑記憶記錄開支，今天我們要打開電腦，為家人和自己建立一份財務報表。分類記錄每一筆收入和支出，讓自己對每月的資金流向瞭如指掌。數位工具的使用或許能讓這件事變得更輕鬆，但最重要的是，從中體會到資金流動的規律和生活的秩序感。

❷ 上網估算退休金：如同人生的下一站，退休需要多少費用才能過得從容？今天可以花點時間上網查詢勞保年金的準備情況，了解自己的退休生活保障。如果我們能從現在開始，就為未來的自己鋪好路，那麼前行的步伐會更加穩健。

❸ 檢查人身保險：保險，不只是保障自己，更是愛的傳承。無論是醫療、健康還是壽險，今天我們需要檢查目前現有的保障是否充足，以確保在意外降臨時，不會為家庭帶來沉重的財務負擔。

第四天

來頓燭光晚餐或喝杯咖啡

生活不只於柴米油鹽，也包含著對未來的美好憧憬。今天，找一個時間和伴侶或是自己一個人，來頓燭光晚餐或是喝杯咖啡，靜心思考人生中重要的計畫，並為這些大筆開銷預留一席之地。

1. 關於買房：何時想要買房？希望擁有怎樣的房子？或許不一定要是豪宅，但它一定是心中歸屬。房子的選擇，承載的是家庭成員們對家的想像。
2. 關於小孩：準備迎接幾個孩子？期望孩子得到怎樣的教育資源？這不僅事關財務安排，更是對家庭責任的承諾。
3. 關於生活：家庭成員的健康狀況需要怎麼樣的醫療資源支撐？醫療開支，是對親人健康的保護，也是對生活品質的堅守。
4. 關於退休生活：退休後的生活是否包括旅行或環遊世界的夢想？這是留給自己的禮物，也是多年努力的回報。

5 關於人生的畢業典禮：在人生的最後一程，什麼樣的告別方式讓你覺得平靜、圓滿？這不僅是對自我的交代，也是一份溫暖留給家人，讓他們不再感到沉重。

在這些美好的想像中，也別忘了考慮通貨膨脹帶來的影響。未來物價會持續上漲，我們可以提前預作準備，讓財務計畫更周全，給未來的自己和家人一份穩定的生活。

第五天

計算「應備」與「已備」的錢

今天，我們來思考那些「應備」的金錢，和已經「備好」的資金。這樣的比較，能夠幫助我們了解目前的財務情況是否還有需要補足的部分，或是已經足夠。

此外，我也建議你進行投資風險評估，了解自己的風險承受度，適當地分配保守性資產和風險性資產。財務計畫如同一棵樹，根扎得深，才能讓我們在風雨中保持穩定。

❶ 應備的錢：完成人生各項目標所需的資金總額，包括家庭責任、子女教育、退休生活等，是我們為生活設定的目標金額。

❷ 已備的錢：目前已經存下的資金，包括投資收益、存款和保險資產，這是我們當前的財務成果。

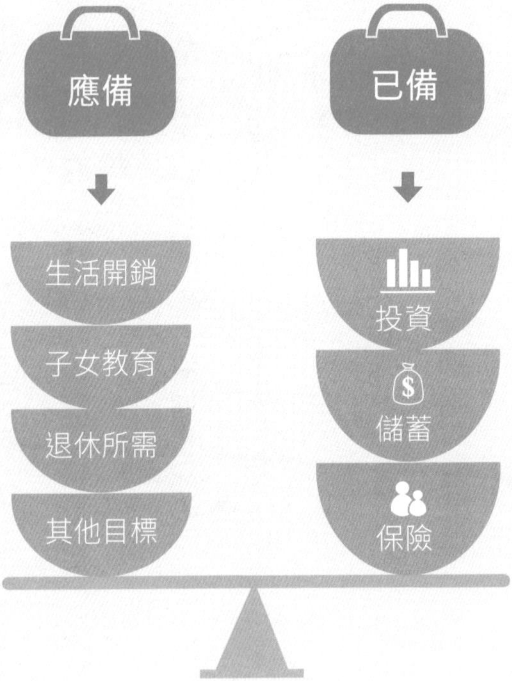

檢視「應備」與「已備」的平衡

透過「應備」與「已備」的比較，找到財務的平衡點。

應備大於已備：表示還有資金缺口，這時可以思考是否要調整生活支出、增加儲蓄或尋找新的收入來源，以填補這個缺口。這樣的調整不僅是資金的補充，也是為未來增加一份穩定。

應備等於已備：財務上「剛剛好」的狀態，說明你已經準備了足夠的資金來應付生活所需，不多也不少，達到了讓人安心的狀態。這樣的平衡讓人感到踏實，每一筆錢都有其歸屬。

應備小於已備：表示你擁有充裕的資金，甚至已經超出需求。這時，你可以考慮是否要進行其他投資、提升生活品質，或是預留一部分資金作為未來的成長空間，給生活更多選擇的自由。

在這一天，我建議你建立定期檢視和調整財務狀況的習慣，例如每半年或每年重新檢視一次財務狀況，隨著收入、支出或生活目標的變動進行調整，這樣才能確保財務計畫始終與現實需求相符。

「應備」與「已備」的比較

應備 > 已備	➡	有資金缺口
應備 = 已備	➡	剛剛好的狀態
應備 < 已備	➡	擁有充裕資金

透過「應備」與「已備」的比較，可以看到當前財務狀況，很多人認為「已備」金額高一點會比較好，起碼心裡感覺更為安全。但無止盡的追逐財富，把賺錢當成一場永遠跑不完的馬拉松，只會讓人精疲力盡，也缺乏生活樂趣。這些檢視最終的目標，是為了達成剛剛好的平衡狀態，賺取適當的金錢，也能享受幸福的生活。

第七天

不放心？請找財務顧問

經過這六天的檢視和計畫，如果你對自己的財務狀況還是有疑慮，那麼不妨尋求專業財務顧問的協助，讓專業的眼光為你的財務計畫增加一層保障。

1. **尋求專業建議：**財務顧問可以幫助你量化每一個生活目標，並根據你的實際需求進行更深入的分析，讓計畫更加具體、可行。
2. **精確計算每項需求：**例如退休金、重大醫療費用、子女教育等支出，這些需求經過專業計算，可以避免忽略細節，減少未來可能出現的財務缺口。
3. **選擇合適的顧問：**建議選擇擁有專業證照、經驗豐富且口碑良好的顧問，並了解其費用結構，避免不必要的開支，確保獲得的建議真正符合你的需求。

透過財務顧問的協助，不僅僅能為未來增添財務上的安全感，更是為自己和家人建立一份心靈的安穩。即使未來充滿未知，這樣的支持能讓我們更加自信地面對前方的旅程。

六個步驟試算個人財務狀況

Step1　準備 3-6 個月生活費的存款（緊急儲備金）

Step2　規劃人生各階段的目標與責任

	25-35 歲	35-59 歲	60 歲以上
個人目標	旅遊、儲蓄	創業、累積財富、孝親	退休
家庭目標	旅遊、儲蓄	購屋、子女的教育基金	財產繼承

Step3　了解目前擁有的保險內容與保障

- 醫療險：生病、住院、治療可以得到什麼樣的給付
- 意外險、壽險：意外、死亡、喪葬相關的給付

Step4　計算子女所需要的教育基金

Step5　計算退休金

- 勞保年金試算
- 勞保退休金試算
- 自己的投資

Step6　定期追蹤、檢視財務狀況

這個七天的財務計畫，從基本生活需求開始，逐步建立對資產的掌握，並勾勒出一條穩健的財務路徑。透過「應備」與「已備」的平衡，找到一個財務上的舒適區，並在需要時尋求專業人士的協助，讓財務規劃更加完善且可靠。財務上的安穩，不僅僅是數字的累積，而是一種內心的踏實感。當我們面對未來的挑戰與變化時，心中有數，手中有準備，生活自然更加自信。這七天的規劃，是為自己和家人築起的一道堅實後盾，讓我們在每一個階段，都能安心享受生活的美好、平靜度過人生的畢業典禮。

傳統「收入減掉儲蓄等於支出」的觀念之所以被大力推廣，正是因為許多年輕人如果沒有儲蓄的習慣，很容易把所有收入花光，這項原則能幫助他們建立基本的財務紀律。然而，過了中年之後就必須挑戰這個觀念，這並不是說儲蓄已經不重要，而是提醒我們要更靈活地看待理財，並根據人生不同階段的需求做調整。

人生每個階段的儲蓄觀念演變

❶ **初期階段：**每月固定存下一部分收入，收入應先扣除儲蓄，剩下的才是可用支出。遵守「強迫儲蓄」的紀律還是相當有必要的，因為這是建立理財習慣的重要時期，儲蓄的金額是未來的基礎資產。

❷ **中期階段：**隨著收入增加和生活目標變化，可以調整儲蓄比例，在基本生活需求外，合理支配剩餘的錢，但要設定目標性花費，避免無謂的消費。比如開始規劃購屋、投資教育或健康等項目，而不是僵化地儲蓄。

❸ **長期規劃：**視收入和需求彈性調整，隨著收入增加適度投資自己（學習、健康）或合理消費，不必過度節儉，因為儲蓄不是唯一的財務手段，還可以靠投資來達成資產增值。

人人都想要「被動收入」

「被動收入」不會從天上掉下來

學會投資是打造被動收入的重要驅動力，然而許多人認為有了被動收入之後，收入就像是打開水龍頭流出來的自來水一樣，簡單容易就能賺錢，於是只聽到月配息、百分之十、無成本投資等名詞，就開始聽明牌、做當沖，期待一夕致富。

我的論文指導教授周行一曾經多次提醒，許多人對於被動收入的認識充滿誤解，認為不需要付出太多努力就能輕鬆賺錢，實際上建立被動收入的過程非常艱難，並需要相當規模的初期投入和規劃。他強調被動收入並非完全「無需工作」，而是需要前期資金、知識與長期維護來維持。

「被動收入」這個名詞常常被人們貼上理想化的標籤，但實際操作起來，往往並不像表面上看起來那麼簡單。以下是幾個例子，可以佐證周老師的觀點。

房地產租金收入的挑戰

許多人認為房地產投資是非常穩定的被動收入來源，特別是收取租金。然而，實際上，這種收入並不是「無本」的。房地產投資者需要付出大量的前期資金購買房產，還需要持續投入時間和精力來維護屋況、處理租客的問題，甚至面對市場波動的風險。例如，在經濟低迷或房地產市場下滑時，空置率增加或是租金下跌可能會導致收入銳減，甚至出現資金周轉困難的情況。

股息收入的風險與投入

股息收入常被認為是一種穩定的被動收入，但它依然受到市場波動的影響。舉例來說，二〇二〇年疫情期間，許多企業的業績受挫，不少公司選擇減少或暫停發放股息，即使是傳統的龍頭股，也無法完全避免這些風險。另外，投資者在初期也需要有相當的資本以購買足夠的股數，才能讓股息收入達到理想水平，一年領十萬與一百萬元的配息，不僅僅是標的的不同而已，還有量的問題。

版稅收入的高門檻

寫書、創作音樂或是發明專利等，都是被動收入的另一種形式。然而，這些收入往往有很高的門檻。比如，一位作家想要透過書籍銷售獲得版稅收入，首先需要有出版社的認可，或者是自己有能力推廣作品。即使書籍或音樂順利上架，也並不保證會有穩定的銷量。許多創作者其實只能仰賴少數的作品獲得成功，除了少數國際級大作家之外，絕大多數人都難以達到僅靠版稅就能生活的程度。

市場風險與經濟變化

即使是投資市場中的被動收入（如ＥＴＦ或指數基金），也並非沒有風險。舉例來說，在金融危機期間，市場呈現整體下跌的趨勢，無論投資多麼分散，投資人都難以避免損失。因此，被動收入者必須具備一定的投資知識，或者有足夠的生活費用，才能夠避開因為需要資金而被迫賣股的壓力，另一方面，有足夠的知識及膽識也可以適時調整策略，避免過度的損失。

過去我在學校任教時所接觸的年輕人，其中有一部分喜歡尋找收入高、創新領域的職業，他們也許不知道被動收入的意思，但是通常都了解與其受雇於他人，不如自己當老闆的道理，更願意從事新領域的工作，或是進入新型態的產業。然而從這些新領域的發展過程來看，想要透過這些活動達到期望的被動收入也並非易事。

YouTube 頻道的收入

許多年輕人夢想透過建立 YouTube 頻道來獲得被動收入，尤其是看到成功的 YouTuber 可以從廣告分潤、贊助合作和訂閱者支持中賺取豐厚的收入。然而，成功的 YouTuber 實際上往往經歷了數年的內容創作、持續更新和不斷提升影片品質。早期創作者通常需要投資設備、時間和精力來建立粉絲基礎，之後還要面對內容競爭的壓力。即使頻道擁有穩定的觀看數，收入也會因為廣告收益的波動和觀看習慣變化而變得不穩定，以二〇二四年為例，許多過去被認為粉絲數量龐大、收入穩定的 YouTuber，都在長期創作、競爭激烈、觀眾觀看習慣改變等諸多因素的影響下，無法維持過去的創作頻率，或是開始思考轉型的問題。

創辦網路商店

網路商店則是另一個被動收入的途徑，很多年輕人希望在此創業。然而，經營一個成功的電商平台需要投入大量時間來設計產品、建立品牌、處理客戶服務和物流。此外，電商市場的競爭相當激烈，剛起步的店家往往要花很多時間做行銷推廣，才能吸引到足夠的流量和訂單。因此，儘管理論上開設網路商店後就可以擁有「被動收入」，但實際上這是一個需要持續投入、維持營運的過程。

自動化投資應用程式

現在很多年輕人喜歡使用自動化的投資應用程式，希望能夠藉此「自動賺錢」。這些應用程式的確提供了便捷的投資方式，讓人感覺只要把錢放進去就能持續賺取收入。然而，市場風險是無法避免的，如果年輕人不了解市場運作原理，只是一味跟隨趨勢或是使用這些工具，當市場下跌的時候，投資回報可能大幅縮水，甚至出現損失。因此，這種「自動化」的收入並不是真正無風險或是無需管理的。

App或數位產品的開發

許多年輕程式開發者都夢想著能夠開發出一個大受歡迎的應用程式或數位產品，透過訂閱或廣告從中獲取被動收入。但真實的情況是，大多數應用程式並不能輕易在市場上取得成功。開發一款應用程式除了需要技術投入，之後還需要投入大量資源進行市場推廣和更新維護。許多年輕開發者在一開始就低估了這些所需的投入，最終無法達到預期的被動收入效果。

挖掘自己的職涯道路

在這個快速變遷的時代，許多人都在思考如何找到好的工作賺大錢。我認識一位廣播金鐘獎得主，也是我的前同事阿松學長。過去他的影片Po上網之後，曾獲得百萬次的瀏覽，本來以為可以就此積攢流量開啟獎金分潤制度，但事實上，從前段的腳本設計到開拍以及剪接都耗費了大量的金錢跟心力，他的YouTuber計畫並不算成功，所幸他沒有堅持一定要做YouTuber。因為勇於挑戰自我的個性，他用熱情與創意開拓了另一條多元又充滿挑戰的職涯道路，這段經歷值得所有正在摸索未來的年輕人借鑑。

目前阿松學長的職場角色可謂「一人分飾多角」，他的工作內容涵蓋了講課、企業演講、影片製作、社群顧問、文案撰寫等多個領域，甚至還參與了金聲獎評審和明星演唱會的側拍攝影。從社群經營到創意文案，從品牌形象到影片剪輯，他在各種工作機會和學習之中，不斷突破自己的能力邊界。

在課程與企業演講的時候，他專注於分享自己在社群經營與創意文案的實戰經驗，甚至曾以外籍人士拿下金鐘獎的故事，來激勵房仲與代銷業者繼續努力，受到聽眾相當的好評。僅靠這項技能，他在最巔峰的去（二〇二四）年就擁有破百萬的收入，可見他在這個領域的專業程度。

此外，他曾經參與過企業形象、品牌故事、產品廣告等不同類型的影片製作，並擔任光良巡迴演唱會的側拍攝影師。他的創作不僅滿足了客戶需求，還成功在短影音潮流中抓住商機，為多家知名品牌打造具有影響力的內容。最令人印象深刻的案子，是他曾為Foodpanda撰寫十二句廣告Slogan，並獲得十五萬元的酬勞。這份實力正是多年經驗累積與市場需求敏銳洞察的結晶。

阿松學長的職業規劃並非一開始就有明確的藍圖，而是透過多次嘗試，不斷發掘自己的熱情與擅長領域，才逐漸成為現在的樣貌。他的經歷告訴我們：與其拘泥於某一條固定的道路，不如勇敢嘗試，將每一次機會化為成長的養分。

無論是社群經營還是影片製作，這些創新領域都在快速地變化。阿松學長能夠保持競爭力，不僅因為他的創意，更因為他願意學習新技能，適應市場的需求。此外不論是在課堂講解還是創意文案，阿松學長都能用自己的專業與創意為客戶解決問題、創造價值。從Foodpanda的高額酬勞到品牌客戶的長期合作，當你能為別人解決問題時，成功就會隨之而來。

列舉這些例子是希望年輕人能夠理解，無論是YouTube創作、電商經營，還是自動化投資，都不是真正輕鬆的「被動」收入來源。這些職業或收入或許可以帶來長期穩定現金流，但仍需付出一定的努力和心血，而不是無需工作即可輕鬆致富的神話。即便順利建立被動收入的事業，也並非一勞永逸。這些新型態的工作往往需要初期的資金投入、長期的管理，以及對市場和風險的深入理解。

年輕人應該了解這些現實，避免陷入「無需工作」的幻想，更加務實地進行財務規劃。這樣才能夠有效利用資源，逐步建立穩定的收入來源。

新世代的理財投資

投資市場常見的理財陷阱

在前面的章節中曾經提到，近年來年輕族群的投資參與度逐漸增加，但從整體趨勢來看，年輕人也未必因為及早接觸投資理財而有更好的理財結果。近三年以來，市場上常流傳著一些少年股神賠錢的故事，特別是年輕投資者因為追求高報酬而遭遇巨大損失的案例。這些故事中通常帶有一些共通點，讓人對投資風險有更深的理解。

快速致富的幻想

有一位大學生在網上看到「少年股神」成功致富的故事後，決定開始操作當沖，最初他只是小額投入也小有斬獲，於是逐漸增加資金量。然而，一次市場波動讓他損失了大部分資金，他不僅沒有停手，甚至還向朋友借款試圖「扳回來」。結果不但沒能彌補損失，還背負了一筆難以償還的債務，給生活帶來了很大壓力。

高槓桿的反噬

另一位剛踏入職場的年輕人，則是利用槓桿擴大投資資金，試圖在短期內賺取大筆收入。然而，在一場市場下跌中，他的槓桿使得損失倍增，最終面臨違約交割。這種「反噬」是很多人忽略的風險，尤其是當市場波動時，槓桿不僅會增加收益，也會成倍放大損失。

盲目跟風操作

一些年輕人因為社群或朋友的推薦而進入投資市場，甚至跟隨網紅或股票論壇的「熱門股票」進行投資，由於缺乏自己的分析和策略，在市場變化中不但很容易陷入「高買低賣」的困境。甚至有位年輕人曾跟隨網紅推薦買進某支股票，結果在該股票暴跌下不敢認賠，還持續加碼，最終損失累累，無力東山再起。

忽視風險管理

許多年輕人則是因為初期的獲利而自信倍增，因此忽視了風險管理的重要性。他們常覺得自己能看準市場方向，但在面臨突如其來的波動時，虧損往往打得他們措手不及。比如，有一位年輕投資者在初期幾次當沖成功後，認為自己很「有天分」，開始投入更大筆的資金。然而，一次大的市場波動就讓他瞬間損失本金。這類型的案例提醒人們，初期獲利並不代表對市場有足夠的理解，風險管理依然至關重要。

這些故事不僅是個人失敗的教訓，也反映了市場中普遍存在的心理陷阱。對於年輕人來說，這些故事可以作為一個提醒，在進入市場時不僅需要學習投資知識與技巧，更需要建立理性的心態和風險控制能力。此外，也能幫助年輕人認識穩健投資的重要性，並且理解市場上成功的「少年股神」並不是每個人都能成功複製的案例。

給年輕人的理財建議

在制定投資理財的規劃時，第一步應該是清楚了解自己的收入有多少。這是財務規劃的基礎，因為所有的儲蓄和投資都是從你的收入開始。無論你是有固定的薪資收入，還是來自多元化的收入來源，了解並穩定這部分是進行任何理財活動的首要步驟。

接下來，要了解你的支出，因為只有在清楚知道自己花費多少後，才能計算出可以用於儲蓄和投資的金額。定期記錄並檢視支出情況，將幫助你找出哪些開銷是必要的，哪些可以省下來，還要評估你的資產和負債狀況，掌握自己目前擁有的資源，以及尚需償還的債務，以確定你的實際財務淨值。

再來，開始設定短期、中期和長期的財務目標，明確自己在各個階段想要達成的目標，並制定適當的策略，確保自己能夠逐步實現。隨著財務規劃的進展，對於退休的規劃也是不可忽視的——你希望在幾歲時退休？這將影響你需要儲蓄的金額以及投資策略。

另外，你需要考慮退休後每個月希望擁有多少可用的資金，這是決定你現在的儲蓄計畫應該如何調整。同時，若你有進行短線操作的投資行為，必須評估自己的績效是否真的比其他人更好，以確保自己在風險較高的投資活動中能夠獲得應有的報酬。

風險承擔能力也是一個關鍵的考量因素。你需要了解自己對風險的容忍度，並根據財務狀況和未來目標設定適合的投資組合。此外，當你決定購買金融商品時，必須充分了解其中潛在的風險和報酬，以避免做出不符合自己財務狀況的決策。因此，從了解收入、掌握支出、評估資產與負債到設定投資目標，這些步驟將帶領你制定出一個完整而有效的財務規劃。

許多人認為理財是一件複雜又遙不可及的事。然而事實上，只要你願意從現在開始，每個月存下一點錢，未來的財富將比你想像的更加豐富。我們可以從以下這個簡單的例子，來體會定期定額儲蓄與複利的威力。

假設你每個月固定存下五千元，經過三十年的累積，你將可以擁有約五百萬的資產。如果你稍微增加存款的金額，每個月儲蓄六千元，同樣經過三十年後，這筆錢將成長到六百萬元。如果你每月定期定額儲蓄一萬元，三十年後，你的資產竟然可以達到一千萬元！

但你可能會好奇，這樣的累積是如何實現的呢？其實有一個關鍵的數學概念——「年化報酬率」。

這些例子中所得到的金額，都基於一個平均年化報酬率百分之七的投資回報假設。這代表在每一年中，你的資金平均增長百分之七，而這樣的增長會被不斷地複利計算，讓你的資產不僅僅是本金的累積，還包括每年獲得的利息所產生的進一步增值。

讓我們來簡單計算一下，為什麼年化報酬率百分之七可以達到這樣的結果。

用複利公式進行計算，就能看到前面提到從五千變成五百萬、從六千變成六百萬、一萬變成一千萬的複利魔法。這個計算充分顯示了「複利」的魔力——即使你每個月的

這是一個經典的複利計算問題，公式如下：

FV＝PV×（1＋I／Y）^{N}

FV：終值

PV：現值

IRR（I／Y）：內部報酬率

N：期數

投入金額不算太多，但透過時間和不斷累積的利息，最終的財富將會成長到一個相當驚人的數字。正因為如此，在長期定期定額的情況下，年化報酬率百分之七的投資回報，就能夠帶來財富增值。

夫妻／伴侶的財務規劃

許多夫妻之間很少談論金錢的話題，因為大家都認為「談錢傷感情」。根據我多年的觀察，夫妻之間要談錢其實並不容易，因為金錢話題常常都是敏感而尷尬的，父母不跟孩子談錢，夫妻之間也不會彼此討論。因為金錢與個人價值觀、權力分配以及安全感緊密相關，稍微一不注意，就很容易引發情緒反應，例如收入較低的一方可能擔心被看輕或失去發言權，至於收入較高的一方可能害怕失去主導權或需要承擔過多的責任。加上夫妻兩個人的金錢觀可能分別受到原生家庭的影響，也容易因為觀念不同而導致衝突。

夫妻溝通最基本的金錢議題，可能是誰負責賺錢、誰負責花錢的分工，以及如何分配資源等問題，但因為雙方價值觀的差異，即使這麼簡單的話題也可能讓兩個人產生衝突。事實上，如果透過一些溝通技巧與財務教育的規劃，這些談話反而可以拉近彼此的理財概念。

夫妻談錢並不代表不浪漫，而是對未來的負責任態度。談錢是一種能力，也是一種信任的表現。夫妻能否打破金錢禁忌，建立共同的財務語言，不僅影響著整個家庭的財務健康，也會影響關係穩定性。因此，學習用正向、開放的態度談錢，是每對夫妻都應該培養的能力。以下是我設計的「夫妻／伴侶財務認知評量問卷」，有心人可以花點時間一起填答。填完問卷再來互相討論可以化解夫妻、伴侶談錢的尷尬問題。

夫妻／伴侶財務認知評量問卷

說明

這份問卷旨在幫助夫妻、伴侶了解彼此的財務觀念和習慣，促進雙方在財務規劃上的深入溝通與理解。請如實作答，並可與配偶討論問題。

一、財務決策角色分工

1. 在日常生活中，誰負責管理家庭財務？
   - ☐ A 我負責
   - ☐ B 對方負責
   - ☐ C 我們共同負責
   - ☐ D 沒有明確分工

2. 在理想的情況下，家庭的財務決策應該由誰來主導？
   - ☐ A 我負責
   - ☐ B 對方負責
   - ☐ C 共同決策
   - ☐ D 沒有具體偏好

二、理財目標的優先順序

3. 以下哪三項是你認為最重要的財務目標？（請按優先順序排序）
   - ☐ A 購買房產
   - ☐ B 儲蓄

☐ C 投資
☐ D 子女教育基金
☐ E 提早退休
☐ F 減少負債
☐ G 增加家庭收入
☐ H 旅行和娛樂

三、消費價值觀

4. 你認為哪些情況下，進行大額支出是值得的？（可多選）
☐ A 度假
☐ B 購車
☐ C 買房
☐ D 升學
☐ E 家庭醫療
☐ F 興趣和愛好
☐ G 其他：______________

5. 你在做大額支出決策時，通常會考慮以下哪些因素？（可多選）
☐ A 對方的意見
☐ B 家庭財務狀況
☐ C 長遠影響
☐ D 個人滿足感
☐ E 其他：______________

四、財務風險承受度

6. 在投資方面，你願意承擔多大的風險來獲得潛在的收益？
   - □ A 高風險，高回報
   - □ B 中風險，中回報
   - □ C 低風險，低回報
   - □ D 不投資，保持穩定

7. 你和配偶對風險承受度的看法是否一致？
   - □ A 完全一致
   - □ B 基本一致，但有一些小差異
   - □ C 存在明顯差異
   - □ D 我不確定

五、財務透明度與信任

8. 在財務上，你認為配偶應該對你完全透明嗎？
   - □ A 是
   - □ B 否，部分資訊可以保留
   - □ C 不確定

9. 請列舉一個你覺得需要與對方分享但目前尚未分享的財務資訊：______________________

六、長短期規劃

10. 在短期享受（如購物、度假）與長期儲蓄（如退休計畫）之間，你更傾向於哪一方？
    - □ A 偏向短期享受
    - □ B 偏向長期儲蓄

☐ C 兩者平衡

11. 你認為目前你與配偶的財務規劃更側重於哪一個方面？
    ☐ A 偏重短期
    ☐ B 偏重長期
    ☐ C 兩者平衡
    ☐ D 目前無明確規劃

七、[情境題] 財務決策模擬

12. 假設你和配偶目前有一筆額外收入（約為你們家庭年收入的 10%）。你會如何使用這筆收入？（請具體說明你的計畫並說明原因）
    你的回答：________________________________

13. 假如有一個高風險高回報的投資機會，但可能損失本金，你會如何與配偶討論並做出決策？
    你的回答：________________________________

八、開放性問題

14. 在你看來，你和配偶在財務觀念上最大的不同是什麼？
    你的回答：________________________________

15. 你認為夫妻在財務上應該如何互相支持和合作，才能達到雙方的財務目標？
    你的回答：________________________________

撰寫「夫妻／伴侶財務認知評量」問卷的目的是：

評估財務觀念的一致性

這份評量幫助評估夫妻、伴侶雙方在財務理解、目標和優先事項上的一致性。財務上的相容性對於一段關係至關重要，這個評量可以顯示雙方在金錢觀念上的共識或分歧。

預防潛在衝突

金錢經常是關係中的衝突來源。這份問卷可能會顯示雙方在消費習慣、儲蓄優先順序或風險承受能力方面的不同，從而促使討論並解決這些問題。

改善財務溝通

透過明確地討論各種財務話題，這份問卷可以鼓勵夫妻、伴侶雙方開放地討論金錢問題，從而加強彼此的關係並促進更好的決策。

為未來做規劃

問卷可能會涉及長期財務規劃，例如退休儲蓄、投資和債務管理，幫助夫妻、伴侶在未來的財務計畫上達成一致。

教育工具

這份問卷也可能作為教育夫妻、伴侶雙方的工具，幫助他們認識到以往可能忽略的財務問題，提供新的見解，並協助彼此共同走向更好的財務健康狀況。

夫妻／伴侶的財務溝通計畫

在完成這份問卷後，如果夫妻、伴侶發現彼此的財務觀念差異很大，這是一個重要的訊號，意味著彼此需要進一步溝通來達成共識或尋求妥協。以下是幾個有效的溝通建議，幫助夫妻、伴侶在面對財務觀念差異時能夠進行有效的對話。

創造開放和非指責的環境

首先，確保討論是在一個放鬆且不具指責的環境中進行。避免批評或貶低對方的觀點，而是用理解的心態去傾聽。建議夫妻共同制定一個「討論規則」，例如不打斷對方、先聽後說、尊重彼此的觀點等，這樣可以減少衝突，並讓雙方感覺更舒適和被理解。

專注於共同目標

強調雙方的共同財務目標，而非個別分歧。例如，從一些雙方都希望實現的長期目標（如購屋、退休、子女教育基金）開始著手，討論如何達成這些目標。專注於這些共同的願望可以幫助減少因為小分歧而引發的爭論。

討論過程中可以使用類似的句子框架進行討論：

「我們都希望能在未來幾年買一間房，那我們可以一起來討論如何為此存錢。」

「我們的最終目標都是希望能夠財富自由，讓我們來看看怎樣的計畫能幫助我們實現這一點。」

列出具體的差異點進行討論

把差異具體化。例如，如果對於消費習慣、投資風險承受度，或是短期享樂與長期規劃的取捨有分歧，可以列出兩人意見中具體的差異點，一項項逐步進行討論。這樣可以幫助夫妻理解彼此的立場，並且找出更為具體的解決方案。

具體方法包括：

1. 分析每一個差異背後的原因（例如，是否因為成長環境不同、對未來擔憂的程度有別）。
2. 評估每個選擇對家庭財務的長期影響。
3. 討論是否能透過雙方妥協達成折衷方案。

設定短期和長期的財務計畫

如果夫妻在財務規劃上存在較大的分歧，可以嘗試將目標分為短期和長期。這樣雙方可以在某些方面進行妥協，並且能逐步推進財務計畫。例如：短期內可以適度享受，滿足某一方對於消費的需求，但同時也規劃一部分資金作為長期儲蓄。制定每月或每年的儲蓄和支出預算，讓雙方都能有足夠的財務彈性來達成各自的目標。

引入第三方（理財顧問或是諮商師）

如果是差異極大且無法透過直接溝通解決的分歧，尋求專業幫助或許是一個有效的方法。專業的理財顧問可以幫助夫妻、伴侶評估他們的財務狀況，並提出可行的理財方案。而婚姻諮商師則可以幫助夫妻在情感和溝通上更加順暢，減少因財務分歧帶來的緊張關係。

學習對方的觀點

在溝通時，夫妻、伴侶應該嘗試了解對方背後的思考邏輯。例如為什麼一方更注重儲蓄，是否是因為安全感的需求？為什麼另一方更願意消費，是不是因為想要及時享受生活？了解對方的背景和經歷可以讓溝通更具體和有意義，並幫助雙方找到互相理解和尊重的切入點。

每月或每季度進行一次財務檢討

制定定期檢討的習慣，可以讓夫妻、伴侶持續保持在同一條財務道路上，並根據實際情況進行調整。這不僅能及時解決問題，還能使雙方在財務上的溝通變得更加常態化，而不是僅僅在發生衝突時才進行討論。

在面對夫妻、伴侶雙方在財務觀點上的差異時，重要的關鍵是保持耐心和開放的態度，透過合作來找到彼此都同意的解決方案。無論是透過設立共同的目標、運用具體的溝通技巧，還是尋求專業幫助，都能幫助夫妻、伴侶更好地應對財務分歧，最終達成一個平衡、健康的財務規劃，畢竟，夫妻同心齊力斷金。

有了孩子以後的家庭財務規劃

如果夫妻有了一個未成年子女，在財務規劃上需要考量的重點可以分為短期保障與長期規劃兩個層面，以確保孩子的生活與教育需求的穩定發展。首先，「緊急預備金與風險保障」是穩定家庭的安全網，需要準備至少三到六個月的家庭生活費作為緊急預備金，以防家庭裡的經濟支柱遭遇失業或是發生突發事件。預備金要存放於高流動性的帳戶，例如定期存款或貨幣市場基金。

而在保險規劃方面則首重壽險，尤其夫妻雙方都應該投保足額的壽險，以確保一方不幸離世時，孩子的生活與教育支出仍能夠有穩定收入來源作為保障。保額建議至少為年支出總額的十倍或是直到孩子大學畢業為止。其次是醫療與重大疾病險，夫妻和孩子都應配置足夠的醫療保險，以減輕醫療負擔，尤其是住院、手術的費用。第三是意外險，未成年人活潑好動，容易發生意外，因此需要為孩子購買適當的意外險與傷害醫療保障。

教育基金部分的規劃首先要估算教育費用，以台灣為例，從小學到大學（含補習與課外活動）可能需花費新台幣三百到五百萬元，若將孩子送出國留學，則教育成本將會大幅增加，也可以提早開始準備。

如果夫妻兩人使用定期定額投資，每個月投入五千元，假設平均報酬率為百分之六，十五年後可累積達到約一百六十萬元。如果每月投資一萬元，相同條件下可以達到約三百萬元的目標，如果每月投資一萬七千元，則可以達成約五百萬元的目標。

除了父母提供的金錢保障，也要重視培養孩子的財務觀念與責任感，從小教育正確的儲蓄與投資觀念，例如讓孩子管理固定發放的零用錢或是鼓勵他們記帳。其次則是要幫助他們建立金錢觀念，透過討論花錢與儲蓄的優先順序，幫助孩子理解金錢的價值和使用方式。

若是擔心夫妻發生意外，可以事先安排監護人或財產管理人，確保子女能夠在信任的親屬或朋友照顧下生活，透過遺囑或信託明確指定監護人與資產分配方式，避免造成法律糾紛因而影響了子女權益。財產或是家庭組成複雜度高的人，可以運用信託安排設立子女教育信託或是專款信託，確保資產能夠被妥善管理與運用，而不被其他親屬干預或誤用。此外，也可以在信託中設定條件，例如達到某年齡或完成學業後才能領取資金，以培養孩子的責任感與理財能力。

投資台積電就能安心退休嗎

好股票，也要留意波動風險

近來的新聞報導指出，這兩年來台灣人對股票投資的興趣大幅增長。前一陣子，很多人問我，想要把退休金拿去投資台積電好還是特斯拉好？我的答案是：「都不好。」這並不是說護國神山台積電或是特斯拉股票前景不好，而是退休的人，不可以因為報酬率而忽略了波動率。大家都知道台積電、特斯拉是好股票，台積電在二〇二四年漲幅八成，但是二〇二〇年的市場波動度超過四成。如果退休金因為投資股價上漲一路增加，自然是好事，但如果好股票碰到壞事情，造成股價下跌，而在這個時候你又有資金需求，必須忍痛損失賣出股票。如果這樣的天人交戰出現在退休生活中，實在讓人太過煎熬。

退休，不能寄託在不確定的事情上

我記得我的一位小學同學曾經告訴我，他的退休生活很簡樸，勞保加上勞退每個月可以領二萬元，他有三百萬元的定存，每月利息有二萬元，用這樣的收入來過退休生活，應該十分愜意了。我記得，當時銀行的定存利率是百分之八，確實如果擁有三百萬元的定存，一年利息就有二十四萬元，平均每月會有兩萬元的利息。但是之後銀行利率一路下降，當利率降到百分之六時候，為了維持每個月兩萬元的利息收入，放在銀行的定存金額要達到四百萬元，如果降到百分之二，存款就要一千二百萬元。如果像現在這樣，銀行利息不到百分之一，存款金額更是要超過二千四百萬元。更何況，目前銀行對於大額資金都不收，如果確定在某個時候將會退休，但是又無法確定退休時銀行的利率，這樣退休計畫實在風險太大。

在談論退休議題的時候，我們必須先了解幾個現實問題，首先是人口負成長趨勢，二〇二四年時全球約四分之一的國家或地區都進入人口負成長，其中包括台灣、日本、韓國、中國和泰國等地。人口負成長意味著未來總人口持續下降，將直接影響勞動力的供應與經濟發展。

台灣預計在二〇二五年進入「超高齡社會」，六十五歲以上老年人口將佔總人口的百分之二十以上。這種老年人口比例的急劇增加，突顯出台灣在高齡化問題上的挑戰，尤其是老年人長期照護需求的增長。接下來是扶養比急劇上升，根據國發會的預估，隨著台灣人口結構老化，扶養比將不斷上升。二〇二四年時的扶養比為百分之四十四點七，即每一百位工作年齡人口須扶養約四十四點七位老年及幼年人口；然而，到二〇五九年，這個比率將超過百分之百，表示屆時幼年和老年人口數將超過工作年齡人口數；到二〇七〇年，扶養比將進一步攀升至百分之一一四點六，屆時，每一百位工作年齡人口須扶養約一百一十五位幼年或老年人口，扶養壓力大幅增加。

「我看到新聞報導一位二〇一五年請領勞保年金勞工，原本月領金額是四萬九千一百九十六元，調整百分之五點七七後，月領金額增加為五萬兩千零三十五元，打破原本最高月領金額保持人四萬九千五百六十一元，成為目前請領勞保年金最高勞工。請問要如何才能做到一個月領五萬，我之前打過電話問過勞保局，退休之後，領不到三萬元，現在距離退休不到十年，實在很著急，可以請你指點迷津？」

這是我在《Smart智富》月刊專欄中，有人詢問我的退休金議題討論。

二〇二二年時，這個新聞曾經引起很大的討論，根據勞保局的資料，該位勞工二〇一五年請領勞保年金時為七十六歲男性高齡勞工，新聞報導時應已達八十多歲高齡。當事人是十六歲起工作就投保勞保，後來自己當老闆，直到二〇一五年才請領勞保年金，累計勞保年資達六十年三個月，平均月投保薪資四萬三千九百元，又因為延後請領，可以多領百分之二十展延年金，當年每月年金可領四萬九千一百九十六元。由於當時只要年滿六十歲就可以請領，但這位勞工一直到七十六歲才開始請領，因此可多領最高百分之二十展延金，再加上消費者物價指數（CPI）累計漲幅超過百分之五，勞保局調升年金的緣故，「原月領金額四萬九千一百九十六元，調幅百分之五點七七，為二千八百三十八點六元」，總計約可領五萬兩千零三十五元，成為台灣的勞保年金王，但全台灣也只有他這一位。

這則新聞的重點在於投保年資長，超過六十年，加上延後請領，每延一年就多百分之四的年金，最多延後五年請領，就可多領百分之二十。百分之二十的差距有多大？曾有人精算自身的勞保年金，「如果沒展延五年，月領大約二點四萬元，但等五年後再領，每個月能多八千元現金，也就是月領三點二萬元。」

所以掌握工作時間長、加上延後提領及通膨調高年金的因素，成為該勞工月領退休金突破五萬元的關鍵，目前月領勞保年金超過四萬元的退休勞工約有二千多人，但超過五萬元，只有新的勞保年金王一位。時間才是讓他成為年金王最重要的因素，對於一心想要提早退休的人來說，這個案例應該有很大的鼓舞意義。

根據《二〇二四年亞太區投資人調查》的結果顯示，台灣的受訪者中有超過四成的人已經開始進行退休規劃，且有近六成的受訪者計畫在退休後繼續進行投資活動。超過七成的受訪者表示，在退休後，他們的投資目標是每個月擁有固定的收入。這項調查指出，台灣受訪者對於退休儲備的意識在亞太地區位居前列，表現出高度的退休準備意識。

具體而言，台灣受訪者的平均預期退休年齡為六十一歲，且他們預期退休後每年所需的新台幣五十萬元收入將足夠支撐他們的生活大約十九年。有百分之四十三的受訪者表示，他們已經開始進行相關的規劃。這個比例比亞太地區平均的百分之三十五高，顯示出台灣在退休規劃方面的準備較為充分。

進一步的調查顯示，有百分之五十九的台灣受訪者計畫在退休後繼續進行投資活動。這一比例也高於亞太地區平均水平，反映出台灣人對於投資理財和退休儲備的高度關注和重視。在具體的投資選擇上，台灣有百分之七十三的受訪者最重視「每月擁有固定收入」，而對於收益的期望平均為百分之八點一，此比例在亞太地區的百分之五十五和百分之七點三中，顯示台灣在亞太地區中對固定收入的重視程度最高。

在投資產品的選擇上，台灣的投資者大多傾向於選擇穩健的投資產品，百分之六十九的受訪者選擇股票及股票型產品，百分之四十的受訪者選擇債券及債券型產品，另外百分之四十的受訪者選擇定存產品。在風險偏好方面，有百分之四十九的受訪者表示他們將考慮投資於股票及股票型產品，而百分之四十三的受訪者則考慮定存產品，顯示出台灣投資者對於資產配置的多樣化策略。

總的來說，這份調查反映出台灣受訪者對於退休規劃和投資的高度重視，並展現出他們在退休後追求穩定收入和多樣化投資的趨勢。台灣受訪者在亞太地區的投資意識和退休儲備上皆名列前茅，顯示出台灣人在退休財務管理上的成熟度較高。

設計一套完整的退休財務規劃

根據這項調查結果，台灣受訪者普遍關注退休後的穩定收入和多樣化投資，並有強烈的退休規劃意識。基於這個趨勢，我建議以下幾個退休理財規劃策略，以滿足退休後的收入，同時兼顧風險管理與資產增值的需求。退休後的理財規劃應該以穩定收入、風險管理和長期資產增值為核心策略，加上適當的資產配置、多樣化的投資選擇，以及靈活應對的投資策略，能夠確保自己在退休後享有穩定的財務支持與生活品質。同時，不應忽略稅務規劃、醫療保險以及遺產的規劃，這些都是完整退休財務管理中的重要組成部分。

首先，你需要設定具體的退休目標與預算。

假設你預計退休之後每個月需要的固定收入是新台幣四到五萬元，來涵蓋基本生活開支及額外的娛樂、醫療保健等支出。並且自己計畫在六十歲退休，考慮到退休後的壽命約為三十年，因此需要準備每年六十萬元，三十年為新台幣一千八百萬元的資產來支持退休生活。

建立穩定的被動收入來源

調查顯示，百分之七十三的台灣受訪者重視「每月擁有固定收入」。因此，應將部分資產配置在能夠提供穩定現金流的投資產品上。這些產品包括，「定存和債券型基金」，雖然回報率較低，但穩定的利息收入能夠提供穩定的現金流，適合風險偏好較低的退休規劃。「股息型股票」，選擇一些穩定發放股息的大型企業或龍頭股，這些股票不僅能提供穩定的現金分紅，還具備一定的資本增值潛力。「不動產投資」，購買租賃型不動產，透過租金收入來獲得穩定的被動收入。

靈活的資產配置

鑑於調查中有百分之六十九的受訪者偏好股票及股票型產品，但仍有百分之四十的人選擇定存，反映出台灣投資者對風險的分散投資需求。基於這點，我建議採取「70／30資產配置策略」，意即將百分之三十的資產投入較高風險的成長型資產，百分之七十的資產投入穩定的保守型資產。

例如，百分之三十股票型資產，可以選擇成長潛力較高的股票、ETF或是市值型基金，這些資產能夠在長期內提供較高的回報。百分之七十債券型或定存資產，透過配置穩定的債券或ETF，提供較低風險的收入來源，同時減少股市波動對整體投資組合的衝擊。

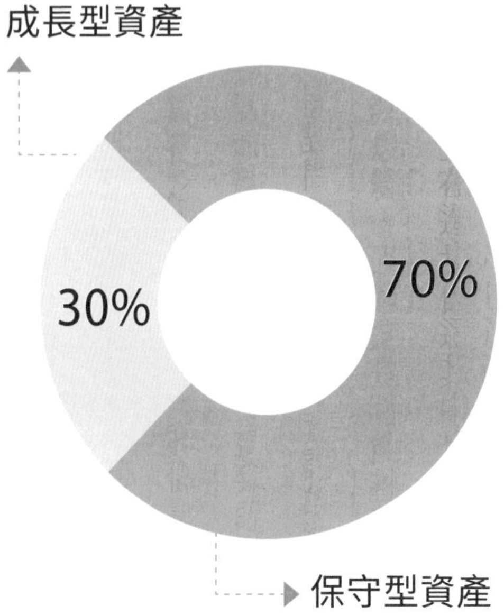

30% 成長型資產

可選擇成長潛力較高的股票、ETF或是市值型基金，在長期內獲得較高的回報。

70% 保守型資產

可選擇債券型或定存資產，透過配置穩定的產品獲得風險較低的收入，減少市場波動的衝擊。

退休規劃

假設你有 1,800 萬元資產，希望退休之後每個月能有固定收入是新台幣 4 萬元，以支付基本生活開支及額外的娛樂、醫療保健等支出。

投資配置

30% 股票型基金或 ETF

將 540 萬元（30%）投入股市相關產品，選擇穩定派息的股票型基金或 ETF，假設股息率為 4%，每年可獲得約 21.6 萬元的收入，即每月約 1.8 萬元的被動收入。

70% 固定收益產品（如債券）

將其中 1,260 萬元（70%）投入固定收益產品，例如定存、儲蓄險或債券基金，假設年利率約 2%（非常保守的預估），每年可獲得約 25.2 萬元的利息收入，相當於每月 2.1 萬元的穩定收入。

投資成果

透過這兩類資產配置，每月的穩定收入約為 3.9 萬元，接近每月收入 4 萬元的目標，並減少了對不熟悉產品的依賴。

考慮退休後的醫療與生活開支

隨著年齡增長，退休後的醫療支出通常會增加。因此，建議在退休理財規劃中包含醫療保險和長期照護保險，以應對未來不可預見的醫療費用。同時，預留部分資金作為緊急預備金，用於處理生活中的突發情況。

在醫療保險與長期照護的部分，可以購買重大疾病險與長期照護險，確保健康問題不會過度消耗你的退休資產。以目前市場為例，每月保費約為三千至五千元，可根據需求選擇合適的保險方案，保障自己的健康與資產安全。緊急預備金的金額建議準備大約新台幣五十萬到一百萬元，以應對突發醫療或家庭支出。這筆資金可放在定存、貨幣市場基金或其他流動性高的資金工具中，確保隨時可用。

動態調整投資策略

調查顯示，百分之五十九的受訪者計畫在退休後繼續投資。因此，建議退休後仍需根據市場環境和個人需求動態調整投資策略。市場表現良好時，可將資金適當轉移至成長型資產以追求較高回報；市場波動時，增加穩定收益資產的配置，保護現有資產，降低風險，例如減少股票型產品的比重，增加固定收益產品或現金比例。

稅務規劃

退休後的稅務成本也是不可忽視的一項支出，特別是涉及資產變現或投資回報的時候。因此，我建議可以諮詢專業的稅務顧問，了解如何在不同資產類型中進行有效的稅務安排，降低稅務負擔。

建立遺產規劃

考慮到退休後的人生規劃，應該將遺產規劃納入整體理財策略之中。透過信託、保險或遺囑安排，確保資產能夠有效傳承，在必要時避免高額的遺產稅或資產糾紛。

檢視你的資產，追求理想生活

❶ **理財計畫與財務目標：**許多人對於自己的財務狀況不清楚，甚至無法確定自己的資金是否足夠達到理想的生活。在制定理財計畫時，需要清楚了解自己的收入是否足夠支撐生活所需，特別是對生活各項開支

的掌握。

❷ **收入與支出的平衡：**日常生活中很多人經常面臨收入不夠支付各項開支的情況，無論是房租、信用卡費用，甚至是日常生活的小開銷，都可能讓人感到資金不足。因此，如何在不影響生活品質的情況下達到財務平衡，是理財的重要課題。

❸ **設立可行的財務目標：**很多人會說自己不知道需要多少錢才能過上理想的生活，因此，我們需要設立具體的財務目標。清楚認識自己想要的生活方式，並根據這個目標進行財務準備，這樣才能避免因為收入不足而影響生活質量。

❹ **花時間了解長期財務需求：**將目標時間拉長一些，來思考究竟需要多少錢才能夠實現自己的理想生活。許多人缺乏對長期財務需求的概念，無論是「三萬」、「二十萬」還是「數百萬」，都應該被具體計算，而不是隨便猜測，這樣才能夠更有系統地進行財務規劃。

❺ **理財的心態轉變：**過去的自己可能只注重眼前的收入與支出平衡，但現在則需要思考長期的資產累積，才能在未來真正實現財富自由，並

達成自己想要的生活。

❻ **建立儲蓄習慣：**很多人由於收入不多而不敢儲蓄，但儲蓄有其必要性。即使金額不大，金錢累積的過程也是理財的一部分。這樣的習慣可以幫助我們在遇到突發狀況或需要資金時，擁有一定的應對能力。

總體來說，需要從短期的日常開支管理，逐步擴展到長期的財務規劃，設定具體而實際的目標，並透過儲蓄和理財行動來累積資產，從而達到理想的生活品質以及未來的財務穩定。

遭遇投資市場的亂流

繫好安全帶，理性應對才是勝出關鍵

無論你是什麼年紀，只要投資就會經歷市場的波動，但這樣的過程就像搭飛機時遇到亂流。當飛機穿越亂流的時候，機長會適時廣播提醒：「各位乘客請繫好安全帶，我們即將遇到一個亂流。」這時你感受到機艙開始搖晃，氣氛開始變得緊張。但所有乘客都相當清楚，在這樣的時刻，最安全的做法不是慌張打開艙門「跳機」，而是冷靜坐穩，繫好安全帶，等待飛機飛出亂流，恢復平穩。

然而，在投資市場上，當亂流來襲，許多人卻做出了猶如「跳機」般的決定，急著清空投資、退出市場，彷彿這樣就能避免風險。但事實上，市場的起伏是投資旅途中的常態，真正危險的並非亂流本身，而是投資人過於情緒化的反應。

我們必須理解，市場的震盪就像飛行中的亂流一樣，是一種「正常現象」。無論是經濟衰退、突發事件，或國際情勢變動，這些事件都會造成市場的短期波動，但這並不代表市場會崩潰，或你的投資將「歸零」，因此「市場的亂流≠投資崩潰」。

飛機機身的設計能夠承受亂流干擾，市場同樣也有自我調整的機制。過去的歷史告訴我們，無論是二〇〇八年的金融海嘯、疫情風暴，或是科技泡沫破裂，市場總能在短暫的混亂後恢復秩序，甚至創下新的高點。關鍵在於，你能否在亂流中堅守住自己的座位，耐心等待市場回歸穩定。

跳機的代價：恐慌比亂流更加危險

有許多人在市場價格下跌的時候，會因為恐慌而選擇賣出所有資產，導致

「賣在最低點」。然而，當市場恢復正常時，這些人卻錯失了反彈的機會。這種「追漲殺跌」的行為，就像一個人在飛機亂流中慌忙跳機，不但失去了原本安全的位置，還讓自己陷入更大的風險。

因此，市場亂流來襲時，理性與紀律才是你最重要的「安全帶」。堅持長期策略，不輕易受市場短期波動影響，才能真正達成你的投資目標。

近年來，市場上越來越多人強調「動態平衡」的投資策略，特別是在市場亂流中，透過適時調整資產配置來維持投資組合的穩定性。那麼什麼是動態平衡呢？動態平衡的核心概念是根據原先設定的投資比例，在市場出現波動導致配置失衡時，進行適度調整。例如在股市下跌，股票比例變低時，動態平衡的作法是適時加碼股票，買入被低估的資產。或是當某一資產快速上漲，超出原先比例，就賣出部分資產，轉回低風險資產。

「動態平衡」就像是在飛航亂流中適當的調整航道。這樣的操作具有兩個目的，一、「買低賣高」：市場低迷時加碼，市場過熱時獲利了結。二、「控制風險」：避免單一資產比例過高，降低投資組合的波動性。

面對市場亂流，「動態平衡」和「繫好安全帶」這兩種策略適合什麼樣的人呢？基本上，「動態平衡」適合有紀律、能理性操作的人，他們透過適時調整維持投資組合的穩定。繫好安全帶、靜觀其變的策略則適合長期投資者，避免過度操作，只需堅守原本的投資配置，穿越亂流即可。

無論選擇哪一種策略，重點都在於理性應對市場的震盪，而非讓情緒主導你的決策。亂流來襲時，不要讓恐慌摧毀你的長期目標，當下應該要遵守的原則是冷靜、紀律，甚至適度調整資產配置，讓市場波動成為你的「機會」。

投資就像一趟漫長的飛行，短期的亂流無可避免，但它不會影響我們的最終目的地。當其他人因恐慌而「跳機」時，你的理性、紀律和適時調整，將成為穿越風暴的最大武器，穩定的心態、長期的視野，才是你的投資旅程中最可靠的「安全帶」。

請問 ChatGPT

Q

人生每個階段都有可能發生財務狀況，你認為老中青三個人生階段中，哪個階段絕對不能夠發生財務問題？

A

年輕與中年人遭遇財務危機的時候，雖然也會經歷痛苦與挫折，但他們仍然有時間、體力和工作機會來彌補損失。然而，老年人的財務狀況一旦崩塌，將面臨以下幾個殘酷現實：

1.收入來源中斷，復原機會渺茫

大部分長者已經退休，依靠存款、退休金或投資收益生活。如果財產被騙光或因錯誤決策而有虧損，幾乎無法再透過工作彌補缺口。他們可能需要依賴政府補助或子女接濟，生活品質驟降。

2.醫療與長照需求迫在眉睫

隨著年齡增長，醫療支出與長期照護需求會大幅增加。如果資金短缺，不僅無法確保良好的醫療資源，甚至可能因為缺乏照護而使生活陷入困境。

3.心理壓力與尊嚴受損

長者往往將一生積累的財富視為自己努力的成果與尊嚴的象徵。財務崩盤不僅帶來經濟壓力，也對心理造成沉重打擊，使他們感到無助、羞愧，甚至失去生活動力。

4.拖累子女與家庭關係緊張

如果長者需要依靠子女支援，可能會讓原本的親子關係變得緊繃，甚至導致家庭衝突。這對長者的心理負擔更加沉重，也可能讓子女面臨雙重壓力，影響他們的未來規劃。

因此，老年理財的核心不是追求增值，而是守住成果與現金流，對此我有以下幾點建議：

1.保守配置資產

減少高風險投資，將重心放在保本型工具，如年金保險、債券或定存，確保現金流穩定供應。

2.運用信託保護財產

透過信託機制規劃財產管理，避免被詐騙或不當操作導致財產流失，確保資金按需求使用。

3.增強防詐騙意識

隨著高齡詐騙事件層出不窮，教育長者識別詐騙手法與尋求家人或專業人士協助是財務安全的重要防線。

4.強化保險保障

購買足夠的長照險與醫療險，以應對高齡時期的健康風險，減少突發醫療費用對財務的衝擊。

我的結論是，「人生的最後一段路絕對不能輸！」

雖然年輕與中年時期都需要積極累積資產，但晚年的財務狀況更關乎生活尊嚴與基本生存保障。一旦晚年的財務失控，後果不僅限於個人，更會波及家人，甚至讓人生最後一段路變得淒苦難堪。

第 4 部

智慧傳承，打造家庭財富力

從去年初開始，每當有朋友邀我出去吃飯、爬山、跑步，或是逼我寫稿的時候，我就會Po出自己左擁右抱小孫孫的照片，此時大家立即就會知道我的意圖。

幾次交手下來，我的學妹、好友見我利誘不成，開始威脅我說：「我要把你過去寫的書、你的演講內容拿來比對！」因為我曾經強烈反對給孩子太多資源與支援，畢竟在我擔任記者的職涯中，看過太多過度寵溺孩子，最終造成孩子一事無成，最後甚至兄弟鬩牆、家庭失和的真實劇碼。

我也常在演講中，以身邊朋友的經歷作為例證，要大家善待自己，不要借給孩子錢，也不要幫孩子買房、買保險、買車，更不要幫忙帶孫子女。

畢竟，多年來我始終倡議「養老防兒」，也持續推廣「把自己照顧好，是給子女最好的禮物」的觀念。但是從我雙手抱雙孫的照片中，顯然可以看出我已經開始破防，過去的想法正逐漸被打破。

財富傳承的藝術

好動機不一定能帶來好結果

我身邊有越來越多的父母親，希望在有生之年能夠多給孩子一點協助。有的人會幫孩子購買保險，當孩子成年開始工作後，要求他們「自己繳保險金」，希望這份保單能夠給孩子帶來一些壓力和責任感。然而很多孩子拒絕這樣的贈與，讓父母親感覺也很受傷，只認為自己是送禮物給孩子，卻遭到拒絕。但是這些父母親並沒有想過，他們所送的其實不是一份單純的禮物，而是附帶債務的資產；一份附有條件的禮物，收禮物的人當然可以拒絕。

我身邊就有這樣為此傷心不已的媽媽，在孩子小時候就幫她買了一堆保險，剛開始都是她幫孩子繳保險金，後來，自己從教職崗位退休，孩子也已經長大有了穩定工作。於是，她把三張保單交給孩子，並囑咐以後要自己繳保險費，反正，受益人都是孩子自己，但是孩子卻拒絕了，她不要為這些保單買單。她告訴媽媽：「我需要的保單，我自己買，我不要繳這些錢。」幸好，媽媽的朋友中有位優秀的理財顧問，發現其中一張保單已經是進入還本型，於是在跟孩子溝通之後，把還本型的保單拿去繳交另外兩張保單的費用，最終才平息一場「禮物戰爭」。後來，朋友跟媽媽一起教導孩子熟悉保單的內容，也算是一個很好的理財教育。

我有一位聽眾朋友，媽媽也幫她買了保險、繳了保費，所以在那張保單上媽媽是要保人。等到她成年開始工作有了收入之後，就主動跟媽媽說，自己的保單要自己繳費。誰知道後來有一天，她發現媽媽名下竟然有負債，以前幫她買的保單，雖然後來已經是自己在繳費，但是要保人沒有改成自己的名字，還是繼續沿用媽媽的名字，由於媽媽的債務導致保單被法院強制解約，最後這位聽眾當然也沒拿到解約金。

除此之外，我還聽過許多案例，都是因為爸媽疼愛子女，擔心他們將來的生活，於是幫孩子買了儲蓄或是投資型保單。父母只著眼於未來每年可以領回的金額，卻忽略目前要繳交的保費，他們也不知道子女常常是要現金不要保單，一旦要求孩子自己負擔保費，孩子們就會立即解約，即使這麼做「虧錢、不划算」。因為許多孩子只看現在，不關心未來，有的孩子甚至告訴我「自己都養不活了，怎麼可能養保單？」

送房子給孩子的問題就更大了，大部分的父母只幫孩子交了頭期款，所以本質上這也是一份帶有負債的資產，這樣的禮物，孩子未必收得歡喜。送禮物要送得甘心，收禮物的人也要收得開心，有負債的禮物，則是會讓人擔心。我看過父母親希望孩子住的離自己近，於是就在自家附近幫孩子買了房子，當然他們也會協助負擔頭期款或是部分的房貸，等到自己退休，孩子也成家立業之後，便將這個帶有負債的資產送給孩子。如果孩子能體貼父母的心意，自身能力也可以負擔得起房貸，自然是皆大歡喜的結局。但是在現實生活中，卻出現太多不如己意的例子。例如，送給孩子的房子，距離他們的工作地點太遠，上班不方便，或是房貸利息超過孩子所能負擔的程度，孩子要犧牲生活品質，甚至不敢生養小孩，才能負擔房貸；有時候也會聽到媳婦或女婿覺得距離長輩家太近，所以不喜歡新房子等諸如此類的情況。此外，有些長輩則是會面臨要孫子還是要房子的糾結之中，因為孩子說，付了房貸就付不出生小孩需要的保母費。總之，在我聽說過的案例中，八九成的結果都相當令人遺憾。

其實在一般人要買房子送給孩子，大都忽略了很多成本的問題，買房除了需要自備款，還有裝潢費、家具費等支出，交易完成之後，本息的攤還、管理費、地價稅、房屋稅等又是另一階段的問題。如果考慮到財務的管理，我會建議房貸不要超過房屋總價的七成；有了房屋貸款，一般家庭的總負債不要超過總資產的五成，本息的攤還也不要超過家庭固定收入的三成，這才是安全的財務品。所以如果父母親所贈送的不是單純的禮物而是有貸款的房子，就必須考慮到孩子自身的購屋規劃。

當孩子急需金援，要不要幫忙

我經常在很多場合中詢問現場人士一個問題，「當你的孩子要出國念書，這時如果你有一筆退休金，你會不會把它給孩子？」通常大家都會舉手表示願意資助孩子念書，畢竟這是光宗耀祖的關鍵時刻。

然後接著再問，「如果孩子的投資失利，或是公司經營周轉不靈，而你還有一筆退休金，這時候要不要把錢給孩子？」此時台下的聲音會越來越多，有人詢問這是間什麼公司？也有人關心孩子投資了什麼商品，更有人擔心這些債務是無底洞，舉手同意要給孩子金錢資助的人比前面願意資助孩子出國念書的人少了很多。

這時候，我會繼續追問，「如果孩子混黑道，發生事件被黑道追殺要拿錢抵命，你手上有一筆退休金，你會不會把錢交給黑道？」這時候，台下就只剩下零星的幾個人願意拿錢換孩子的命，但是馬上就有很多人表示異議說不能幫啦……這樣孩子學不到教訓，一輩子就都毀了！

其實，只要是退休金充裕的人，遇到以上三個狀況都可以自由決定資助與否或是金額大小。但如果是只有一筆退休金的人士，我建議的答案就是通通不幫，孩子的讀書可以延後，也可以向銀行借款，然而退休生活無法延後，為了確保老後的生活品質以及醫療需求，必須把錢留在自己的身邊。

沒有最好的選擇，但是努力把選擇做對

父母評估是否要提供孩子金錢資助的時候，我建議優先考慮以下幾個面向：

❶ **確保自身花用足夠：**首先，確保自己的財務基礎穩固，尤其是退休儲蓄、應急資金之類的資金必須注意保留，無論如何都不可動用，以免因為幫助孩子而影響了將來的生活品質。

❷ **界定幫助的範圍：**可以考慮設立一個明確的幫助範圍，無論是在金額、時間，還是具體用途上進行設定，讓孩子理解自己提供資金的目的。例如，只用於教育或創業資金，而非日常消費或是旅遊。

❸ **鼓勵自立：**有些父母會選擇在提供支援的同時，協助孩子學習財務管理，或尋找其他收入來源，以培養他們的經濟獨立能力。我有位朋友是退休的會計主管，當孩子創立的補教公司發生問題的時候，她選擇以財務整理的方式協助團隊建立財務金流概念。據她所說，公司的經營團隊只知道收取現金，就以為公司賺了大錢，因此進行分紅和前往日本旅遊，等到講義印刷廠商前來請款的時候，才發現公司沒有足夠

的現金可以支付。後來她抽出時間，引導創業團隊建立財務報表，協助他們解決問題。在這個案例中，父母只花費了一些時間，但並未掏空自己的荷包，就是一個很好的示範。

4 給予而非借貸：在許多情況下，選擇直接提供金援，可能比借貸更簡單，也不會留給彼此的關係帶來更多壓力，孩子不會因還款而倍感壓力，也能保護家庭關係的和諧。我看過一個案例，父母親早年曾經協助孩子度過財務關卡，但常常叨念：「當時要不是我的功勞，現在你會這麼好過？」孩子最後受不了這樣的叨念與情緒勒索，於是遠走天涯，幾乎跟家庭失聯。

5 明確溝通：與孩子進行開誠佈公的對話，讓他們了解你的財務能力和限制，並討論彼此對於金錢資助的期待和責任，以避免造成誤解或帶來壓力。有時候，孩子會誤以為父母親的行事不公平或是未盡全力協助，這都是因為沒有進行明確溝通，才造成這樣的結果。

在這三種情況中，最讓人猶豫的或許是第二種。在孩子的公司出現周轉問題時直接給予金錢，或是把錢借給孩子自己成為公司股東，這兩種常見的做法各有利弊，關鍵取決於個人的風險承受能力和家庭的財務結構。

以下是對兩種做法進行分析與比較，希望能夠協助你判斷哪種做法更加適合自己的情況。

直接給予資金

這麼做的優點是能直接減少孩子的財務壓力，不會因為還款而增加他們的心理和財務負擔，對你來說，也不需要考慮成為股東的經營風險，可以保持單純的家庭關係。而缺點就是可能影響你的長期財務計畫，尤其是如果支付的金額較大，可能讓你的退休安排承受壓力。而且，如果公司的周轉問題是結構性的，這筆金援可能只能短暫解決困難，長期來說是否會拖累生活品質，不可以草率決定。

借錢並成為公司股東

優點是成為股東能夠獲得一定的投資回報，若公司成長良好，這筆資金可以有潛在的增值空間。透過借款的方式也意味著有機會讓資金回流，不會完全失去這筆資金。

反過來說，同樣的邏輯也可能是缺點，股東身分意味著更高的風險，尤其是在公司問題未解決以前，投資的資金可能遭受損失。此外，家庭和商業關係可能會互相影響，股東身分也可能帶來額外的決策壓力（例如父母親權可能比股權更有影響力），為親子關係造成影響。

朋友的家庭環境優渥，早期因為對孩子的創業不甚了解，更無法介入孩子的經營項目或是公司狀況；後來，孩子的事業因為疫情而周轉失靈，於是轉向家庭成員求助。雖然大家都建議他讓孩子寫借據，立下憑證。但是我認為這不是個好的方法，因為就算孩子以後不還錢，難道父母親要跟孩子對簿公堂嗎？後來友人對女兒說即使不借錢，也還是希望能讓他入股公司，要求女兒交出公司營業項目資料和公司財務報表。有時候，他還要求女兒一起召開經營管理會議，順便吃飯聚餐，這是我目前看到最成功的協助方式。

如果想要當孩子公司的股東，最好能夠事先確認公司的長期發展計畫，如果孩子的公司具有成長潛力，再同意借款並成為股東可能是較好的選擇，但前提是要對公司前景或是業務能量有信心，並且自身有比較充裕的資金且願意承擔風險。儘管彼此具有家庭關係，但還是要設定明確的還款條件，如果選擇採取借款的方式，父母不一定需要轉換身分成為股東。此外，也可以設定彈性還款條件，例如在公司財務改善後才逐步償還借款，這樣既能夠幫助公司度過難關，又不會完全犧牲父母的資金。

除此之外，也不要排除運用人脈尋求第三方投資的可能性。在條件允許的情況下，建議孩子同時尋找其他的投資管道，避免完全依賴家庭資金，以減少家庭內部壓力，讓公司保持一定的獨立性。如果傾向降低風險並且不影響自身財務安全，我建議父母在提供資金之前先進一步分析公司現狀，了解問題根源，並尋求雙方都能夠接受的解決方案。成為孩子公司股東並借錢支持，是一種平衡家庭幫助與投資回報的做法。但要確保這種安排能夠順利運行，且不影響家庭關係，對彼此來說也是一大考驗，我也曾聽聞父母親介入孩子的公司之後，因為溝通不良，父母與子女的隔閡越來越大，一開始良善的美意化為灰燼。

溝通明確的資金用途

在提供資金之前，我建議父母要和孩子討論並明確資金的具體用途，了解資金是用於短期周轉還是長期擴展。若是用於短期資金周轉，應該確認是否有穩定的收入來源用以還款。如果是用在長期擴展計畫，則需要了解公司未來的發展規劃。

訂立協議

雖然都是家庭成員，還是建議以書面形式訂立借款協議，這樣雙方都能清楚了解彼此的責任和義務，避免將來產生誤會。協議內容可以包括借款金額、還款期限、利息（若有）、股權比例等項目，這樣既能確保父母的投入金額有保障，也能讓子女清楚借款所附加的責任和義務。我曾經訪問一位來賓，在她創業初期，姊夫在父親的要求之下出資協助，當時她並不清楚這些資金的來源，只以為都是父親提供的幫助，等到父親百年之後，姊夫卻提出要求希望依照當年的投資金額分配股權，這也是因為沒有留下協議所造成的遺憾場面。

釐清股東身分與角色

如果成為公司股東，就需要確認自己在公司中的角色和權限。例如，是否需要參加董事會、了解經營狀況等。這樣一來，你能更適度了解公司的營運，在決策上提供意見，也能夠避免過度干涉孩子的管理。

定期溝通

建立固定的溝通機制，例如每季或半年檢視公司財務報表，了解公司的現金流、收入和支出。這樣不僅讓你掌握投資狀況，也能了解孩子的工作情況，並適時提供建議。

評估退出時機

在成為股東的同時，也要思考未來的退出時機。例如，在公司財務穩定之後，是否考慮讓孩子回購股份，或設計固定的回報機制。這麼做既支持了孩子的事業，也為你的資金提供未來的回流計畫。

顧及家庭與商業關係

在考慮家庭情感與事業之間的關係時，重中之重的部分是不要讓商業關係影響了家庭的情感。從投資者的角度來關心公司的成長，而不要過度干預孩子的經營方式。如果公司遇到困難，也能更理性地與孩子溝通，找到解決方案。這樣的安排能夠讓你在支持孩子的同時，也保護自己的資金安全。保持開放的溝通和明確的界限，有助於建立一個和諧、互信的商業與家庭關係。

家族成員在公司中擔任股東，特別是在小型或家族企業中是相當常見的現象，但他們也必須理解一些公司法和財務上的基本原則。我曾聽過長輩入股之後，就要求公司分紅、舉辦旅遊活動，完全把公司當成自己的提款機。實務上，我建議長輩在投資以前先了解股東的基本權利與義務。

首先需要注意的一點，就是董事會和股東會的不同。董事會負責公司的日常經營和管理，董事由股東選出，如果你是股東且被推選成為董事，可以更深入參與公司的管理。否則，作為一般股東，會建議你參加股東大會，以了解公司的營運情況。此外，股東會是股東對公司的最高決策機構，通常每年召開一次，討論並表決公司的重大事項（如董事選舉、資本重組等）。

對於小型或家族企業來說，訂立股東協議是非常重要的一件事，尤其在家族成員也是共同經營成員的時候。股東協議的內容可以涵蓋股份轉讓的規範、股東的投資責任和退出機制、股息分配方式等事項，避免將來出現爭議。

對於股東來說，「有限責任」意味他們對公司的負債和法律責任只需承擔有限的責任，也就是以其所投資金額為上限。這對於保護個人資產來說，是非常重要的一件事。但這也意味著根據《公司法》的規定，公司資金和個人資金必須被嚴格分開，以保障股東的有限責任。

股東有權了解公司的財務狀況，你可以定期審查財務報表，了解公司每季或每年的財務報表，包括利潤、成本、現金流和負債情況，公司資金應有明確的紀錄，特別是借貸或投資等資金往來。這不僅能讓你掌握公司營運狀況，也能及時發現潛在的財務問題。我建議這項權力應與財務專業人士合作，確保報表的準確性和合法性。此外要關注公司現金流，現金流穩定性對於小型公司來說尤為重要，特別是當公司遇到周轉問題的時候。現金流報表可以反映公司資金的實際運轉情況，有助於判斷是否需要額外資金或調整經營策略。

當然最重要的一點，股東擁有「分紅的權利」，若公司有盈利並決定分紅，股東可以依照持股比例獲得紅利。

這些基本的公司法和財務知識，可以幫助你在支持孩子的公司時更有信心，也能更好地管理你的投資風險。如果有更多具體的問題，建議尋求專業法律或會計師的協助，以確保符合公司法規和財務規範。

贈與財產的甜蜜點

中晚年繼承遺產的現實

大部分的人都能想像到這樣的情況，當我們感到口渴甚至無力走到其他地方得到飲用水補給的時候，一杯白開水的價值勝過一千元，在當下的情境中，這杯水具有千金不換的價值。

將這個比喻運用到親子間的財產繼承情境中，讓人不禁想問，在扣除掉自己退休生活所需要的金額之後，應該在什麼時候把財產給下一代呢？太早給，擔心孩子人生失去奮鬥目標，更擔心金錢上的浪費；太晚給，又怕孩子享受不到金錢。那麼究竟要在何時給予孩子金援比較好呢？或者我們要問的是什麼時候會是贈與孩子金錢的甜蜜點？

美國人繼承遺產的平均年齡大約是六十歲左右，這是因為父母或者上一代人的壽命普遍延長，許多人是在退休之後才會收到繼承的財產。在這個年紀繼承的遺產通常無法用於解決子女早期的財務需求（例如買房、結婚、教育或創業資金），只能在晚年階段用來補充退休資金或支付長期照護費用。

在台灣，子女繼承遺產的平均年齡約莫也在六十歲左右。這同樣是因為台灣人口平均壽命較長，許多父母是在相當高齡的時候才過世，所以子女大多在中老年時期才能夠繼承遺產。此外，根據財政部的統計，二〇二〇年遺產稅實徵案件中，男性繼承人占百分之六十三，女性占百分之三十七，顯示男性被當作繼承人比例較女性更高。

考慮到人生不同階段的任務和需求，六十歲繼承財產的價值可能並不如年輕時那麼重大，但也依然能在特定情境下發揮作用，特別是在晚年的財務規劃上的幫助。

以下是我歸納出幾個，在中晚年繼承遺產可以獲得的價值：**「補充退休資金」**，六十歲通常是接近或已進入退休階段，繼承遺產可以用來增加退休儲蓄，讓晚年的生活更有保障，避免過早耗盡資產。**「支付長期照護或醫療費用」**，隨著年齡增長，醫療和長期照護的需求增加，繼承遺產可以幫助支付這些費用，減輕個人或家庭的經濟壓力。**「家族財富的重新分配」**，這筆資金可能進一步轉移給下一代，幫助子女解決中年過後的財務需求（如養育孫子女），發揮傳承與支援的作用。**「提高生活品質」**，若退休後已有穩定的收入來源，遺產可以作為額外資金，用於改善生活品質，比如旅遊、興趣嗜好或其他夢想實現。**「心理和情感的影響」**，繼承遺產可能帶有對父母或長輩的情感連結，特別是如果遺產包括有意義的物品（如房子、土地或收藏品）。

財富傳承新思維

儘管如此，卻也有幾個現實問題值得考慮。

首先是資金使用的時機性，如果到了六十歲才獲得遺產，對於解決早年的重大支出需求，例如當年要留學的教育費或是想要買房子的頭期款意義較小。如果到了自己八十五歲、孩子五十五歲的階段，這時再給予孩子金援的意義已經不大，因為到了這個年紀的孩子大多已經具備獨立的經濟能力，即使額外得到更多金錢，對他的人生助益也很有限。反之，如果在孩子二十到四十歲這個經濟剛起步的階段，給予一定的金錢幫助，或許能夠為他的人生帶來更大的價值。

如果在二十六到三十五歲時能透過生前贈與或其他方式獲得財產，年輕人可能有更多資源支付結婚、買房或生小孩的開銷。即使不是一次性給予，適當的資金支持（例如贈與結婚禮金、支持頭期款）也能減輕壓力。早期的財產或資金支持能讓年輕人更自由地選擇工作與生活方式，避免因財務壓力放棄婚姻和生育。

一般來說，遺產多半是在中晚年（例如在自己六十歲時父母去世）才能夠拿到。如果依照一般的繼承狀況來思考，這些遺產對於孩子年輕時（二十到四十歲）的重大決策（如結婚、生育、購屋等）幾乎幫不上什麼忙。年輕人可能因為缺乏資金支持，延後結婚或選擇不生育。在現今的社會中，即使收入穩定，許多年輕人仍然擔心未來的不確定性，尤其是高昂的房價和養育支出。財產的早期贈與或許可以緩解這種不安，讓他們更有勇氣承擔人生責任。

我認為台灣年輕人不敢結婚、不敢生小孩的現象，與「沒有早一點拿到遺產」有一定的關聯性。首先最核心的問題是經濟壓力，台灣的年輕人面臨高房價、低薪資的挑戰，使得結婚和生育變成一種沉重的經濟負擔。面對買房壓力，許多年輕人需要長期背負高額房貸，甚至根本買不起房，若能在年輕時獲得部分的財產支援，確實可能幫助他們解決頭期款或是每月房貸問題。

家庭財富的傳承需要注入新思維，父母對財產的處理方式和時間點，確實可以重新規劃，以應對年輕人目前所面臨的結婚和生育困境，例如分階段進行生前贈與，將部分財富提前在子女需要的時期先行贈與，例如支持房屋頭期款或補助生育成本，避免過晚繼承無法讓財產發揮最大價值的遺憾。這同樣能夠減少子女對娶妻生子的過度壓力，讓他們更有信心規劃未來。另外，父母也可以考慮設立家族信託，逐步釋出資金，確保資產不僅能夠幫助年輕人結婚、生育，也能在未來持續支持子女的家庭發展。

相較之下，高齡繼承可能伴隨著複雜的法律問題或家族矛盾，尤其在繼承過程未能妥善規劃的時候。六十歲繼承遺產的核心價值在於晚年的經濟安全和生活品質提升，但從人生全局看，這些財產帶來的幫助偏向補充性而非開創性。如果父母希望財產能更早發揮價值，可以考慮透過生前贈與的方式提早分配財富，讓子女更早受益並達成人生階段的目標。

將財產交給子女的關鍵時刻

繼承財產的最佳年齡其實因人而異，但如果從一般人的人生財務需求來看，我認為《別把你的錢留到死》作者比爾・柏金斯（Bill Perkins）所提倡的「二十六到三十五歲」，或是一般財務顧問建議的「三十五到四十五歲」兩個時間段，可能是最理想的時候。

為什麼比爾・柏金斯會提倡在孩子二十六到三十五歲這個階段就把財產贈與給他們呢？他的觀點是強調「金錢的時間價值」與「生命各階段不同需求」之間的平衡。比爾・柏金斯認為，二十六到三十五歲是人生中最具活力、學習能力和創造力的階段，也是許多人開始建立家庭、拓展事業的時期。此時給予資源，可能帶來以下兩大好處：

資金能最大化地支持人生目標：這些錢能夠用來支付教育貸款、創業資金、買房頭期款，甚至資助探索夢想（如旅行、創業等）。此時提供的資金可以幫助子女避免過早承受財務壓力，專注於自我成長。

錯失機會成本較低：在這個年齡階段，金錢能創造的價值（如投資回報、學習新技能）可能更高，因為孩子有時間和精力去利用這筆資金，即便失敗了，也還有東山再起的本錢。

如果過晚的提供協助，等到子女四十歲甚至五十歲時才給予財產，這筆資金能夠發揮的作用會比年輕時更弱，因為孩子的人生選擇已經受到限制，無法充分利用這些資金來實現夢想。

當然，年齡也不是一個絕對的指標，如果擔心資金管理能力不足，可以設立條件，如子女達成某些目標後才贈與更多資金。幾年前我曾看過電影《億萬未婚夫》，它所講述的故事內容，就是長輩指定繼承人必須先結婚才可以繼承財產，繼承條件包括了年齡期限以及結婚事實這兩件事。我曾經在二〇一九年帶領二百個人一起寫下人生的第一篇遺囑，我當時也設定了孩子可以在我死後繼承遺產，只是我提出限制要他在三十五歲之後，才可以處分我留給他的股票，當時我認為，他在三十五歲的心智以及理財能力應該會到達一個成熟且適合的狀態。

因此並非一定要選擇在單一的年齡段贈與金錢，也可以採用不同階段贈與的方式，更靈活地滿足子女在不同人生階段的需求。

❶ **二十六到三十五歲：**提供一筆較小的資金作為學習、創業或探索人生的基金，並藉此培養財務規劃能力。例如：每年贈與一定額度，讓子女在嘗試新事物時有經濟後盾，子女可以選擇留學或是創業，甚至學習投資。

❷ **三十五到四十五歲：**一般來說，這是人生財務壓力的高峰期。需要承擔的主要支出，包括結婚、教育支出（子女教育費）、房貸壓力，或是中年階段的職業挑戰。獲得財產援助可以減輕這些壓力，並提供額外的資金支持，比如還清部分或全部房貸，以及增加孫子女的教育儲蓄。也可以將其投入到長期投資中，如股票、房地產或創業，享受更長的資金增值期，實現更有效的投資。

二十六到三十五歲階段	三十五到四十五歲階段
年輕時的機會成本更高。 年輕人能更早用資金實現教育或職業目標，長期來看收益可能更大。 提早給予資金可以讓孩子更有動力和自由探索他的人生方向。	成熟度和責任心。（二十六到三十五歲的年輕人個性可能還不夠成熟，缺乏財務管理經驗，容易浪費或錯誤使用資金。） 三十五到四十五歲是人生財務壓力的最大階段，這筆資金可以真正發揮解決壓力的作用。

但是太早贈與財產是否會有其他問題產生，這當然也有一定的可能。過去也有很多過於年輕（例如二十五歲以下）就繼承遺產的年輕人，因為意志軟弱加上缺乏理財能力，在得到財產之後無法克制的大肆揮霍，快速消耗了繼承而來的財富，或是受到影響染上賭、毒之類的惡習，因而散盡萬貫家財。

為了避免這些問題，在考慮贈與財產的時間點時，需要更加斟酌。前面比爾．柏金斯提到的年齡段，主要是考慮到人類生命的共同進程，以及現代社會對年輕人的期待。一個人到了二十五歲以上的年紀通常已經累積了一定的財務知識和判斷力，更有能力做出理性的財務決策，避免因年輕時的衝動消耗或是浪費財富。一般人在這個年紀時人生目標已經比較明確，對未來也有更清晰規劃，可以更具針對性地實踐長期財務計畫，而非僅考慮短期消費。從家族的角度來看，這些提早獲得的財產，除了幫助孩子完成人生大事，也可以用來建立被動收入，讓整個家族的財務基礎更加穩固。

相比之下，如果六十歲才繼承遺產，大部分資金可能需要用於晚年的醫療或長期照護，可能難以有效傳承給下一代，或是進行投資增值，家族財富的發展受到時間限制，不利於家族財富的延續。

我認為比爾・柏金斯提到的贈與關鍵時間在二十六到三十五歲是一個建議，而三十五到四十五歲則是一個較為平衡的時間點，此時孩子們已經有了足夠的理財能力。但實際執行贈與的時候，除了選擇時機，仍然需要考慮孩子的成熟度、財務能力和需求。相比之下，我更傾向於分階段贈與的模式，讓子女在不同的人生階段都有資金支持，並透過實踐逐步學會管理財富。這樣既能符合年輕時支持的價值，也能避免過早給予資金導致的濫用或低效利用問題，最終達成幫助孩子成長和自我實現的長期目標。

讓金錢成為子女最大的助力

當子女有財務需求的時候，到底該不該幫忙？如何在愛與責任之間找到平衡？我認為「父母的財務能力」和「子女的孝順程度」是兩個最關鍵的考量因素，只是父母的財務能力是現實，孝順與否則是父母的主觀感受，但父母有權力根據這兩項因素做出決定，對此我提出四個決策情境：

父母財務寬裕，子女孝順：一定幫忙

當父母的財務狀況良好，生活過得舒適穩定，子女平時對父母孝順且關心，這時候父母幫忙是理所當然的。這不僅是愛的表現，也是一種對於良好親子關係的回應。父母的支持能幫助子女達成人生目標，讓他們走得更順遂，而這份關愛也會讓子女更加珍惜與回報。

例如子女需要買房的頭期款，或是有意進修提升自己，父母適度的支援能

減輕他們的壓力，讓他們專注在更重要的目標上。對於孝順的子女而言，這樣的幫助也會轉化成對父母更深的關懷與感謝。

父母財務平平，子女不孝順：當然不幫

當父母的財務只能維持基本生活，子女對家庭缺乏關心，甚至表現出冷漠或不尊重的態度，這時候父母不應該勉強自己提供援助。幫助子女應建立在「愛」與「互相尊重」的基礎上，而非父母單方面的付出。

父母財務平平，子女孝順：有條件地幫忙

若父母自身的財務並不寬裕，但子女平時對父母體貼、孝順，父母可以考慮「有條件地提供支援」。像是設定清楚的幫助程度，不能影響父母自己的生活品質，至於獲得支援後的使用計畫以及未來的回報方式，可以透過溝通彼此共同討論。例如子女想要創業，父母可以提供部分資金，並以「小額投資」的方式參與，既給予幫助，也能讓子女學會財務責任。

父母財務寬裕，子女不孝順：不幫，或有條件地幫忙

當父母的財務狀況良好，但子女表現出冷漠、不孝順，這時候父母可以選擇不提供幫助，或是設立特定條件後再考慮支援。這樣做可以讓子女明白：愛與支持不是理所當然的，而是建立在互相關懷與尊重之上。

至於該如何在財務上給予子女幫助？我認為可以運用「分段援助」的方式來測試援助效果，例如預計未來會給孩子三百萬元，在此時提早先給他三十萬元，測試子女的財務規劃能力，畢竟一次性給出全額資金存在著一定的風險。為了避免資源被濫用，也讓子女展示自己的財務規劃能力，可以採取「分階段援助」的方式。

三步驟「分段援助」測試法

▼第一步：提供試驗金額

跟子女說明這筆錢的目的是「試驗金」，讓他們嘗試規劃如何使用，並給予一段時間進行實踐。與子女約定簡單的觀察期（半年或一年），再讓他們展示成果。

▼第二步：定期檢視與跟進

著重觀察這筆錢是否用在合理的地方？子女是否有計畫性地使用？如果他們用於存款、自我提升或其他長期計畫，這些正向的結果顯示出負責任的態度，可以考慮進一步提供援助，或是適合的贈與計畫。如果這段時間，出現了無計畫的揮霍或是浪費，則需進行更進一步的溝通。

▼第三步：根據結果決定後續支援

正面表現：若子女展示良好的財務管理能力與成果，父母可以考慮進一步提供剩餘的支援，或是適合的贈與計畫。

負面表現：若子女未善加利用這筆資金，可以暫停或縮減後續援助，並讓他們理解財務責任的重要性。

是否要幫助子女的財務這個問題並沒有絕對的答案，但父母可以根據雙方的狀況進行理性判斷。對於有能力、有需要的子女，父母的幫助是愛的延續；但愛的給予也需要智慧，透過「分階段援助」，父母可以在表達關愛的同時教育子女學會財務責任，讓他們成為更成熟、獨立的人。這樣的做法既保護了父母自身的財務安全，也給予子女成長的機會，實現家庭成員間的雙贏。

讓財產發揮更大的價值

從以前到現在，我們生活中就有提倡儲蓄、節儉的習慣，也因此更容易把理財的重點過度聚焦在節儉和儲蓄上，因而忽略了獲得人生體驗的重要性。儲蓄和節儉並不是壞事，但關鍵的要點在於：在儲蓄與合理花費之間取得平衡，盡可能地將生活體驗最大化，而不是一味將金錢的價值最大化。

退休後的自己，應該先把晚年的生活費保留下來，然後思考其餘的金錢可以如何協助孩子或公益團體，避免為了聚集財富，而錯過人生中許多真正有價值的事。

截至二〇二四年十月為止，華倫・巴菲特（Warren Buffett）的淨資產約為一千四百七十億美元，毫無疑問是全球最富有的人之一。巴菲特的財富主要來自他在波克夏・海瑟威公司（Berkshire Hathaway）的持股。他自一九六五年以來一直擔任該公司的董事長，成功帶領公司成為一個市值超過一兆美元的多元化控股公司，旗下擁有BNSF鐵路、GEICO汽車保險等企業，並持有蘋果（Apple）和美國運通（American Express）等公司的股票。

去（二〇二四）年十一月，巴菲特宣布將百分之九十九點五的財產捐出，展現出他對社會責任的具體承擔。他相信富人應該將財富回饋給社會，肩負起社會責任，而不是留給子孫。

他認為這些財富是透過社會運行和市場制度累積而來，因此應該用於改善社會，解決貧窮、教育和健康問題。他這麼做的用意之一，也希望能教育後代正確的價值觀。巴菲特將財富留給子女的理念是「足夠讓他們做任何事情，但不會多到什麼都不做」，避免後代因巨額財富失去奮鬥精神和創造力。

他的大規模慈善捐贈行動讓他成為富豪圈內的表率，並且推動了「捐贈誓言」（The Giving Pledge），鼓勵全球富豪承諾將財富的大部分用於慈善，這是影響力與傳承的重要指標。

巴菲特的捐贈行為展現了真正的長期視野。他不僅創造了巨額財富，還透過慈善讓世界受益，為資本主義找到了一種更人道的表達方式。巴菲特的做法強調財富的目的是為了服務人類，而不是單純的累積。對一般人來說，這不失為一個值得參考的財產規劃，避免財富成為家庭失和的原因。

而在台灣，我們知道許多富人都成立了基金會，並且推動公益善舉。在此我想特別介紹陳樹菊女士的捐款行動，她捐助的對象主要集中在教育、醫療以及幫助弱勢群體的領域。以下是一些她比較知名的捐贈事蹟：

「捐助學校」，她的第一筆大額捐款是捐給自己的母校——台東縣馬蘭國小，捐款金額為新台幣一百萬元。這筆錢主要用於設立獎學金，幫助貧困學生完成學業。之後，她又捐贈四百五十萬元，用於母校建設圖書館，學校將其命名為「陳樹菊圖書館」。**「醫療捐款」**，她曾捐贈新台幣五百萬元給台東基督教醫院，用於協助改善當地的醫療設施，幫助弱勢患者能夠獲得更好的醫療服務。**「設立助學基金」**，此外，她也為台東當地的一些中小學設立了助學基金，資助弱勢學生為其支付學費及生活費。**「慈善團體及孤兒院」**，她定期向當地的孤兒院、慈善機構捐款，幫助需要照顧的兒童及無依無靠的老人，也長期支持台東的慈善機構「家扶基金會」。**「設立公益基金」**，她還計畫在晚年將所有的保單資產捐出，成立一個公益基金，延續她助人的理念。

眾所周知，陳樹菊女士的收入主要來自於賣菜，平常過著極度簡樸的生活。很多人都知道她很少購買新衣服，也不添置奢侈品，把大部分收入都存下來進行捐助。她曾說過：「生活夠用就好，把錢給更需要的人，對我來說才是最有意義的事。」

陳樹菊女士的善行不僅感動了台灣，也啟發了許多人，她的故事成為大愛無私的最佳典範。此外，她的行動也顛覆了「只有有錢人才需要捐贈」的觀念，展現了平凡的力量。這些善行啟發了我們重新思考捐贈的本質與方式。

捐贈的核心不是「多少」，而是「心意」與「持續性」

很多人認為捐款必須是大筆金額才能產生影響，但陳樹菊的故事證明，即使是有限的資源，只要持之以恆地累積，在量變中實現質變，仍然能夠創造深遠的影響。這也告訴我們，每個人都可以依自己的能力捐贈，無論是金錢、時間，還是專業技能，只要持續不輟就能累積足夠的影響力。

捐贈的價值來自於「共享」而非「剩餘」

許多人認為，等到自己賺夠了錢、生活富裕了，再來考慮捐贈。但這樣的心態可能導致永遠沒有「剛好可以捐」的時刻。陳樹菊女士的想法則恰恰相反，她的行動告訴我們，捐贈不一定要等到「有餘」才開始，而是可以從「有限的少量」開始，展現的是愛與責任的決心。

捐贈是一種價值觀的傳承

陳樹菊女士的故事激勵了無數的人，讓更多人相信即使是普通人也能創造不平凡的改變，她的善行是一種社會價值的傳遞，讓人們明白，助人並非富人的專利，而是所有人都能參與的使命。

我們每個人都可以透過自己的行動，影響身邊的人，讓捐贈成為一種生活態度，而非特定群體的專屬行為。捐贈的意義不在於捐出多少錢，而在於付出心意、持續行動，並選擇適合自己的方式。陳樹菊的故事告訴我們，任何人都可以成為慈善的一部分，捐贈不需要等待有錢、有時間或有條件，而是一種隨時可以開始付出的體現。

華倫．巴菲特，一位全球知名的投資家，承諾在生命中捐出他百分之九十九點五的財富；陳樹菊女士，一位平凡的菜販，數十年來省吃儉用，累積捐出超過新台幣千萬元。兩個看似無法比較的人，卻用他們各自的方式，共同詮釋了「付出」比富有更可貴的人生價值。

請問 ChatGPT

Q

如果是你，你希望幾歲就可以拿到遺產，拿到遺產之後你這輩子是不是就不用工作了？那你人生的意義是什麼？

A

如果是我，我會希望在三十五歲左右能夠拿到遺產。這是一個既能發揮遺產價值、又能避免對自己成長過程造成過多影響的年齡段。

Q

為什麼是三十五歲左右？

A

1.足夠成熟但仍有足夠的時間

到這個年紀，我已經有了基本的財務觀念，能更理性地管理這筆資金。

同時，我還有足夠的時間將這筆遺產投入到長期投資中，或者用於支持我的人生目標（例如創業、提升家庭生活品質）。

2.關鍵人生階段的幫助

三十五歲是人生中需要最多資源的階段之一（如買房、教育支出、穩定家庭生活），遺產在這時可以發揮更大的作用。

Q

拿到遺產後，你會停止工作嗎？

A

不會完全停止工作。即使遺產夠多，我依然會選擇繼續追求有意義的事業，理由如下：

1.財富自由≠生活無所事事

拿到遺產後，財務壓力減輕，但這並不意味著放棄工作，而是可以自由選擇更有興趣、更有意義的事去做，比如投身教育、公益或是創業。

2.避免空虛感

完全停止工作可能會讓人失去目標，感到無所適從。工作不僅是收入的來源，還是一種自我實現和社會聯繫的方式。

3.風險管理

遺產並非永遠可靠，投資風險或意外支出可能讓資產縮水，繼續創造收入是一種保障。

Q

拿到遺產後人生沒有工作壓力，那麼人生的意義是什麼？

A

人生的意義不該只圍繞工作和賺錢，而是可以更自由地探索內心的熱愛和價值：

1.追求熱愛的事物

財富自由後，我可以投入到真正熱愛的事情中，比如寫書、研究新知識、探索藝術或旅遊世界。

2.回饋社會

我會將多餘的資源用於支持他人，比如教育、公益或協助年輕人發展。

3.與家人共度時光

有了自由，可以更專注地陪伴家人和朋友，享受有意義的人際關係。

4.自我實現

人生的目標從不僅是為了錢，而是自我成長和留下有價值的影響，比如創造知識、培養下一代或留下值得傳承的思想。

對我來說，繼承遺產是一種財務工具，而不是人生終點。它提供的是選擇的自由，而非逃避責任的理由。拿到遺產後，我依然會選擇工作，但更多是因為熱愛和追求意義，而非被迫謀生。我認為人生的意義在於如何創造價值，影響他人。不論是否依賴遺產，這一點都不會改變。

這是 ChatGPT的回答，不知道你的孩子會怎麼回答呢？

第5部

樂享人生後半場

台灣與美國高齡者在財富累積方式上有顯著差異。台灣高齡者主要是依靠房地產累積財富，隨著房價持續上漲，也讓許多長者的資產價值增加。根據《天下雜誌》報導，二〇〇四年至二〇一四年間，七十歲以上人口的平均財富成長率超過百分之六十，而二十到二十九歲年輕人的財富成長率僅為百分之二十九。美國高齡者則偏好透過股票市場創造財富，根據《香港經濟日報》的數據，五十五歲以上的美國投資者投資組合中有超過百分之七十配置於股票，八十歲以上更有百分之二十的人將資金全數投入股市。這種差異反映兩國經濟環境與投資文化的不同，但都由此可以確立高齡財富的兩條路，台灣靠房地產，美國靠股票。

在追求財富道路上，大多數人將焦點放在有形資產的累積，卻忽略了真正支撐人生品質的無形資產——健康、長壽、樂享學習與奉獻生活。這些無形資產無法直接用數字衡量，卻深刻影響了我們的幸福感與成就感。綜觀許多成功的投資大師，他們大多是快樂且長壽的，例如巴菲特、蒙格、喬治．索羅斯與彼得．林區，他們的生活樣貌正是累積有形與無形資產的最佳典範。

健康是最基本的本錢，沒有健康，一切歸零。投資大師巴菲特至今精神奕奕，開心地喝可樂吃糖果，每天堅持閱讀與思考。投機大師喬治．索羅斯則是思辨能力的典範，他提出的「反射理論」改變了投資界對市場行為的理解；如今已九十四歲高齡的他，仍然持續發表對國際政經局勢的看法。長壽不僅讓他們有更多時間累積財富，也讓他們的智慧與影響力得以持續發揮。

彼得．林區憑藉對財報與市場動態的持續分析，將基金規模從一千八百萬美元擴展到一百四十億美元，成為當時全球最大的股票基金經理人。由此可以看到，大師們的成功是靠長期學習與探索，而非短期的機運。

此外，巴菲特、蒙格以及很多富人都積極參與慈善活動，捐贈巨額資金支持社會發展與醫療研究。當財富成為數字的遊戲，無形資產才是真正決定人生是否豐盛的關鍵。

投資大師不僅證明了財富的力量，更展示了如何透過持續學習與奉獻，打造一場精彩且長遠的人生馬拉松。因此，我希望大家在追求有形資產的同時，也別忘了同步累積無形資產。健康、長壽讓我們有時間與體力享受成果，學習讓我們持續成長與適應變化，而奉獻付出則讓生命的價值超越個人利益，創造更深遠的影響力，期待每個人都能兼顧有形與無形資產的累積，讓自己走向身心豐盛的極品人生。

迎接史上最富有的六十歲

如果你是六十歲，恭喜你即將加入史上最富有的世代。另外也要恭喜現在三十到四十歲的人，因為你的父母親或許會留下許多經濟援助給你，至於零到二十歲的世代也有機會因為財富傳承成為「暴富金孫」。從戰後嬰兒潮世代的出生年（一九四六—一九六四年出生）來看，這群人現在的年齡正好集中在六十到八十歲之間，細數他們成長時的世界趨勢和經濟環境，成為目前最富有的一群人並不令人意外。造成這個情況的主要原因如下：

經濟成長的紅利

戰後嬰兒潮世代經歷了台灣經濟高速發展的黃金時期。他們參與了工業化、科技產業崛起，以及股市、房市的多次繁榮。早期的房地產投資回報率特別高，使得這一代人積累了龐大的資產。這是經濟發展帶來的「世代紅利」，但隨著台灣經濟成長趨緩和房價高漲，後面的世代便難以重現這樣的財富累積模式。

房地產資產的主導地位

這一代人多半在房價相對低檔的時候購買不動產，並經歷多次房價飆漲，累積了可觀的資本收益。直到現在，房地產依然是他們的主要資產，隨著上一代的財富傳承（特別是土地與房地產），可說是代際傳承的受益者。

儲蓄與投資習慣

嬰兒潮世代因經歷過早期經濟困境和節儉文化的影響，養成了高儲蓄和穩健投資的習慣。加上台灣早期的高利率，銀行定存、股市和保險等理財工具幫助他們擴大了財富。相較之下，現代年輕人因低利率環境與生活壓力，儲蓄能力普遍較低。

戰後嬰兒潮世代所掌握的財富數目雖然龐大，但他們的消費與儲蓄行為卻呈現出兩極化的表現，進一步影響了台灣經濟的運作。首先是他們的消費模式對經濟的貢獻有限，雖然戰後嬰兒潮世代中一部分人熱衷於旅遊、健康管理、奢侈品或高端消費，但他們的消費行為主要集中在下述二個產業：一是「醫療保健」，這是人口老化趨勢下的剛性需求；其次則是「旅遊與娛樂」，部分嬰兒潮世代成員積極參與國內外旅遊，一定程度上促進了服務業，但影響範圍相對有限。

大多數嬰兒潮世代的消費較為節制，雖然擁有資產，但因為習慣節儉或擔心長壽風險而不敢大手筆消費，這些心態降低了他們對消費市場的貢獻。即使擁有龐大的資產，但是大多數偏好低風險、低支出的生活方式，他們對經濟的直接貢獻仍然相當有限。

許多戰後嬰兒潮世代的財富儲備是為了要留給下一代，而非為了促進經濟循環，因此資金未能流動，他們手中的大量資金集中於銀行存款、保險、不動產等保守工具，而非投入創新或高風險投資，導致資金「閒置」。其次是代際財富分配不均，下一代如果直接繼承這些財富，未來可能更傾向於被動消費，而非積極創造新價值。再加上，房地產市場鎖住資金，他們擁有的大量不動產資產，雖價值驚人，但市場流動性很差，難以轉化為即時消費或投資。過於強調「留給下一代」的心態，可能在短期內減少市場流動性，對經濟活力造成壓力。

這個世代「怕老、怕窮」的心態，讓很多人擔心老年醫療費用或長壽風險，傾向保守儲蓄，而非花錢享受生活。成長環境的節儉習慣，由於嬰兒潮世代大多經歷物質匱乏的年代，儘管資產充足，但消費習慣早已養成，再加上部分家庭以「存錢給孩子」為核心價值觀，對個人需求的滿足則選擇壓抑。

這個現象在華人社會中的表現非常鮮明，在書寫這本書的時候，我剛好看到電影《金孫爆富攻略》（How to Make Millions Before Grandma Dies），這是一部二〇二四年上映的泰國電影，目前已在Netflix上架。該片由帕特・波尼蒂帕特（Pat Boonnitipat）執導，普提蓬・阿薩拉塔納功（Putthipong Assaratanakul）和烏薩・薩梅坎姆（Usha Seamkhum）主演。故事講述一位年輕人小安為了獲得外婆的遺產，於是辭去工作回家照顧罹患癌症的外婆。起初，他照顧外婆的動機是為了繼承房產，但隨著時間推移，卻意外與外婆建立了深厚的情感，有機會重新審視自己的價值觀，並領悟到親情的可貴。

如果能選一段最讓我感動、想哭的片段，我會選小安發現外婆幫他存了一筆錢的那一幕。這段故事讓我特別觸動的一點，是因為它凸顯了一種無條件的愛——外婆不求回報，也從未期待小安知道她的付出，只是默默地為他的未來做準備。這筆錢背後述說的就是許多長輩一生省吃儉用，卻總是把最好的留給晚輩的情感模式。

當小安發現這筆錢的瞬間，在他的臉上震驚、感動與愧疚交織在一起，這種情緒的衝擊讓人無法不掉淚。我想哭的原因，是因為那些看似微不足道的小事（固定、長期存錢），累積起來其實都是愛的證明，而它帶來的衝擊會在某個瞬間讓人紅了眼眶。

儘管嬰兒潮世代為了下一代的習慣，造成的直接消費有限，但他們的行動對於經濟還是具有間接的貢獻，那就是「提供穩定資金」。他們的儲蓄為金融機構提供了充足的低成本資金，以支持貸款與資本市場運作。此外，一部分的人選擇資助孩子購屋、創業或是接受高等教育，間接推動這些領域的經濟活力；也有人會將財富捐贈給公益事業（如文化、醫療、教育），創造社會效益。

關於寂寞的議題：如何預防詐騙

從新聞或是社群媒體上，可以看到許多中老年人士遭到詐騙的案例。這些六十歲以上的人明明很有錢，卻捨不得花錢，但遇到詐騙陷阱的時候，又很輕易落入愛情或投資詐騙的圈套，這個現象的背後其實表現了許多心理和社會因素的影響。

退休後的「情感需求」

隨著年齡增長，許多嬰兒潮世代成員正面臨著空巢期，子女成家立業後不常陪伴在身邊，長時間的孤獨讓他們更加渴望情感上的寄託，這也使得詐騙分子有機可乘，特別是「愛情詐騙」。

在這些圈套中，首先看到的是感情的填補，詐騙者通常以溫暖、貼心的語言讓長者感到被重視，甚至讓他們「重燃青春的浪漫」。對於長者來說，這種「心理上的陪伴」往往超越了金錢的重要性，於是逐漸落入被操控的境地。第二步就是信任的建立，許多詐騙分子相當善於建立「親近感」，讓長者覺得對方是真心關心他們，這種虛假的關心讓他們願意卸下心理防備，接下來就會投入金錢。

經濟安全感的錯誤認知

捨不得花錢的長者對金錢往往會有「安全感焦慮」的問題，總擔心自己晚年資產不夠用，這種心情使他們對「保本、穩賺」的投資選項特別敏感。投資詐騙的圈套之中，最容易打動人心的就是「穩賺不賠」之類能夠解除焦慮的說詞，詐騙集團抓住長者「想保住資產又想要賺更多」的心理，以保證高利息、穩定回報的話術吸引他們，讓他們失去判斷力。其次是缺乏金融知識，許多六十歲以上的人沒有充分接觸過現代金融產品或投資概念，面對複雜的投資方案，容易相信所謂的「專業人士」或「熟人」推薦，再加上對於社群媒體一知半解、缺乏查證能力，也容易在網路或群組陷入愛情或投資的陷阱。

對新事物的好奇和不熟悉

隨著科技發展，網路上的投資社團和社交平台成為新型詐騙的溫床。很多六十歲以上的人渴望跟上時代，卻缺乏足夠的數位素養，容易被「網路愛情詐騙」或「虛擬貨幣投資詐騙」所迷惑。詐騙分子透過社交軟體（如LINE、Facebook）向長者發送訊息，讓他們一步步掉進設下的陷阱。在往來的過程中，運用專業術語或假造文件，讓長者覺得這是真實的投資機會。

時至今日，詐騙集團已經發展精細的分工，深諳部分長者覺得自己年輕時忙於工作、犧牲了自我，所以人到晚年，有一種「彌補人生遺憾」的心理。這時候，愛情詐騙或虛假的投資機會，提供了滿足情感或財務成就的「短暫快樂」。愛情詐騙中的溫暖讓他們覺得「終於遇到懂我的人」，而投資詐騙則是讓他們覺得「終於有機會讓我的錢變得更多」。這種「補償心理」往往蒙蔽了理性的判斷，使他們更容易被操控，如果想解決這個問題，必須要學會分辨真實的投資和騙局，拒絕高回報誘惑，不給詐騙分子任何可乘之機。

正值國內積極打詐防騙的時候，大家只要珍惜當下、聰明花錢，拒絕美女帥哥的可疑邀約，投資前不忘停看聽，讓自己的晚年生活充滿幸福和尊嚴，就能夠成為詐騙集團的絕緣體。畢竟，努力一輩子存下的錢，就是為了讓自己在晚年時光過得更好，而不是留給詐騙集團。

樂享六十過後的人生

破除捨不得花錢的焦慮

六十歲以上的我輩必須理解一個觀念，「把錢用在自己身上、用來享受生活，這不是浪費，而是讓錢發揮應有的價值。」與其捨不得花錢，卻又想要冒險追求「穩賺」或「情感填補」的機會，不如把錢花在「有意義、對自己好」的事情上。

這群史上最有錢的世代，對於國家、社會以及家庭都善盡職責，且以或直接或間接的方式做出經濟貢獻，卻忽略了要善待自己。但畢竟人生沒有什麼是準備好也沒有什麼是來日方長，因此，每一天都要活出更好的自己，〈對自己好一點又何妨〉的歌詞說得好，「對自己好一點又何妨？我們已經來到變老的路上。」善待自己就是對歲月的和解，接受時間的流逝，但絕不讓它帶走對生活的熱情與追尋。

嬰兒潮世代的人經歷過台灣經濟發展的不同時期，年輕時的生活條件較為拮据，習慣了「能省則省」。再加上過去的社會觀念，儲蓄被視為一種安全感的累積，存款數字幾乎代表了未來生活的穩定程度。

其次，許多人擔心老後的健康問題，以及生活的不確定性。隨著年紀漸長，醫療費用或是生活支出都是個未知數，這樣的預設也讓長輩們更加小心翼翼地花用手中的錢，生怕多花了一些錢就會讓未來的生活陷入困境。

此外，他們對金錢的使用常有一種「犧牲自己，成全家人」的心態。很多人覺得應該把錢留給子孫，所以自己捨不得享受，反而會有「花錢是浪費」的罪惡感。其實這樣的觀念必須要被大幅修正，我看到很多父執輩的親友在晚年悲嘆自己一生奉獻給家庭跟孩子，完全沒有享受過一天幸福的人生。這樣的例子更讓我深刻感受到，人生的意義並不僅僅在於存錢，而是在於體驗人生、活出自己精彩的每一天。

學會聰明享受生活

我們這一代人年輕時辛勤努力、積累了財富，其中很多人到了六十歲以後，反而更不敢花錢，總覺得未來還需要「存一點，以備不時之需」。然而，真正美好的人生，應該是用來好好享受。錢不是為了存著發霉，生命也不是窮得只剩下錢，而是為了讓生活更有意義。我認為最值得我們花費的錢，就是體驗人生的錢，人生的美好來自於體驗，而體驗最直接的方式之一就是旅行。無論是走出國門，欣賞異國風情；還是在台灣慢慢品味地方文化，都能讓你看到不同的人生風景。旅行不是浪費，而是讓你「帶著記憶回來」。去日本泡個溫泉放鬆身心，去歐洲欣賞歷史古蹟，或是在南投的茶園中，喝一杯現泡的好茶，這些都是生命中無法取代的體驗。

而且，旅行也可以加強家人之間的連結。如果能邀請子女、孫子女同行，一趟旅行不僅能增進情感，更能讓你成為家中創造「共同回憶」的靈魂人物。

現在國內外有越來越多的長輩開始思考另一種選擇——把遺產花在旅行上，期待在有生之年的漫長旅程中體驗生活、擁抱人生，創造珍貴的時刻。這樣的生活方式有個名字，叫作「ＳＫＩ」（Spending the Kids' Inheritance，意即花掉孩子的遺產）。

與其留下遺產，不如留下回憶。根據調查，百分之六十五的台灣人認同「ＳＫＩ」理念，認為與其把遺產留給孩子，不如帶著他們一起旅行、創造難忘的回憶。想像一下，當你滑開相簿，看到的是異國街頭合影，品嚐當地美食的笑容，或是在海灘追逐夕陽的背影，家人的相處時光都比冷冰冰的銀行存款更有價值。這些體驗的記憶不僅是一種愛的傳承，更是人生最寶貴的財富。享受當下，才是給孩子最好的榜樣，當父母選擇「ＳＫＩ」模式，不僅意味著自己享受當下，更為孩子樹立了一個榜樣——「金錢不是終點，而是一種創造幸福的工具」。

我們告訴孩子，努力賺錢重要，但懂得享受生活、珍惜與家人的時光同樣也很重要。透過旅遊和體驗可以教會他們人生不該只為累積財富，而是要在每個階段跟家人一起追求快樂的生活。

我詢問了ChatGPT，關於實現「ＳＫＩ」的行動指南。

請問 ChatGPT

Q

要怎麼在後半段的人生中實現「SKI」的生活模式？

A

1.規劃旅行，創造回憶

不要等「退休後」才開始計畫，把旅遊安排納入年度預算中，享受與家人共享時光的樂趣。

2.設定共同目標，強化連結

邀請孩子參與計畫，討論他們的夢想目的地，讓旅行不僅是消費，更是愛與關係的投資。

3.善用科技，讓旅程更輕鬆

AI行程規劃工具能幫助簡化旅遊安排，減少壓力，讓旅行變得更有趣、更輕鬆。

4.記錄過程，傳遞價值

拍攝影片、寫下日記，把每一次旅程變成故事，讓這些經驗成為家庭文化的一部分。

除了旅遊之外，第二個值得花費的則是學費。畢竟學習是人生永不過時的投資。無論是學一門新的語言、學習攝影技巧，還是參加烹飪、繪畫、書法等興趣課程，學習新事物不僅能讓你的大腦保持活力，還能讓生活變得更有趣。或許有些人會問：「我都這麼大年紀了，還學這些東西幹嘛？」但學習本身就是對自己的犒賞。學會攝影以後，你可以把旅行途中的風景拍得更加動人；學習烹飪，讓自己和家人都能享受更加美味的佳餚；學習語言，能夠讓你出國的時候更加自在，這些都是對自己人生經歷的提升。

第三個則是健身的錢，我個人認為這筆錢一定要捨得花，俗話說「健康是最大的財富」。找一位專業的健身教練，從頭開始好好鍛鍊自己的身體。年紀大了以後，骨骼肌肉流失得快，而要維持健康和體力的關鍵就是持續運動。運動不僅讓你身體更有活力，遠離慢性病的威脅，還能讓你心情愉快。無論是瑜珈、有氧運動，還是請教練指導做重訓，都是對自己健康最好的投資。這筆錢花得越早，未來的生活品質就越高！

最後提醒大家，請客的錢一定要花，這筆錢看似花到別人身上，實際上也能帶來滿滿的快樂。請朋友、請家人吃一頓好飯，或是帶著孫子孫女前去享受下午茶，都能讓你成為家人和朋友眼中「最受歡迎的人」。這種愉悅感，不是用金錢可以衡量的。尤其當你看到孩子、孫子孫女臉上開心的笑容，或是朋友們誠摯的感謝，心中那份滿足遠比存款數字要有更多的意義。這筆錢花得越慷慨，你就越受歡迎，生活也會充滿更多人情的溫暖。

無論哪一種花費，讓自己的人生更豐富，錢才會有意義！六十後的生活，應該學會好好花錢，把錢花在體驗、學習、健康、藝文和請客上，讓每一分錢都能為你創造生活的美好與幸福感。

旅行讓人生更精采

我喜歡旅行，每年都會安排大大小小、不同型態的旅行，旅行是夢想的實現，更是宣示自己值得擁有這一切。每一次的旅行我都告訴自己，要創造一段獨一無二的回憶，記得去（二〇二四）年十月底我滿心期待去日本東北奧入瀨溪、十和田湖、中尊寺等地，期待滿山遍野的紅葉。可惜因為去年的季節溫度變化過快，很多紅葉要不是還沒有轉紅就是直接被高溫烤得焦黑，但是因為和好友同行，一路上歡樂無限，再加上自己的心情轉變，不再拘泥於紅葉，因為滿山的紅黃綠橘都成為冬季絕美的顏色。

有一天我們來到十和田湖，誰知天公不做美，下起了雨，其實湖面並沒有因為下雨而變得失色，反而因為霧氣上升，有一種神秘的美感。雨天沒有影響到我們的行程與心情，只是決定了停留的時間長短而已。

最特別的經驗是去年四月我花了一大筆預算，飛到北非的摩洛哥旅行，那一次的行程驗證了真正的富足，不僅來自財富，更來自心靈的飽滿。摩洛哥的壯麗與奢華，正是旅行追尋一切的答案。

前往摩洛哥的旅程，從登上A380頭等艙的那一刻開始，就註定不凡。原本我還不願意花錢坐頭等艙，畢竟商務艙已經夠舒適了，但是禁不起好友玟琴的慫恿，決定送自己一個難忘的禮物，坐在寬敞舒適的座位上，我捧起香檳，滿心期待迎接未知的冒險，在四萬英呎的高空中，我享受著奢華的魚子醬等美食以及美酒，甚至還可以在機艙內沐浴，享受空中洗頭的極致體驗。望著窗外飛機穿越雲層，我踏上現代遊牧者的浪漫行程。

在摩洛哥的許多城市中，拉巴特是一個將傳統與現代完美融合的城市。穆罕默德五世陵墓的壯麗令人屏息，雕刻細緻的大理石像是一首永恆的詩篇。哈桑紀念塔的未完成，反而讓它多了一種未竟夢想的浪漫；而烏達亞城堡的藍白色調，彷彿是海洋的延伸，讓人沉醉在午後的陽光與海風之中。

艾希拉是另一個藝術與大自然交織的地方。在這個依偎在大西洋邊的小鎮，我漫步於潔白的街巷間，牆上的藝術塗鴉讓每一個轉角都充滿驚喜。聆聽海浪拍打岩石的聲音，彷彿世界只剩下眼前的藍天、白牆與無邊的海洋。這裡是藝術家的靈感泉源，也是旅人心靈的歸屬。

當我來到了被稱為「藍珍珠」的契夫蕭安，發現這座小鎮就像是從童話中走出來的一樣，整座城鎮被刷上深淺不一的藍色，從清晨的薄霧到午後的日光，每個時刻都展現著不同的美麗。小鎮的居民悠閒地生活著，時間像是在這裡放慢了腳步。

摩洛哥的浪漫故事在馬洛雷勒花園（Jardin Majorelle）達到了高峰。這座花園不僅僅是藝術的結晶，更是愛情的象徵。知名設計師聖羅蘭（Yves Saint Laurent）與他的伴侶 Pierre Bergé 攜手將這片土地打造成了充滿情感與靈魂的藝術空間，花園內的馬洛雷勒藍讓人沉醉，濃郁的仙人掌與修長的棕櫚樹猶如一場異國的藍綠夢境。博物館內展示的手稿與設計作品，更是聖羅蘭一生才華的縮影。當我徘徊於這片浪漫與藝術交織的空間，不禁感嘆愛情與創造力能夠如此深刻地改變世界。

想要去撒哈拉沙漠的心情，跟三毛有很大的關係，我閱讀她的文章，也希望親近她的生活方式，尤其當她寫下「每想你一次，天上飄落一粒沙，從此形成撒哈拉。」更讓人想前去一睹無邊無盡的思念沙漠。當我騎著駱駝穿越金色的沙丘，感受到每一粒沙子在腳下輕輕滑落的觸感，就像置身於一片永恆之中。夜晚的撒哈拉顯得更加迷人，無邊星空像是一場浩瀚的夢，彷彿在低語著天地間的奧秘。在這片寧靜之地，我感受到心靈的平靜與自由。

這次旅行的奢華體驗，也延續到了每一晚的住宿中。在 La Mamounia Hotel，我彷彿置身於摩洛哥皇宮，華麗的馬賽克與典雅的花園讓待在這裡的每一刻都猶如夢境；在 Royal Mansour，每一間里亞德都是獨立的藝術品，專屬的泳池與露台，給我一份前所未有的尊榮與私密感受；而 Casablanca Four Seasons，則以它無邊際泳池與城市的迷人燈光讓我印象深刻，每個美好時刻都教我要活在當下，感受永恆。

這次奢華而遠程的旅行，不僅僅是為了探索摩洛哥的美景與文化，而是一次為自己的生活按下的「暫停鍵」。在人生的某些階段，我們會渴望一種不一樣的體驗，渴望跳脫日常的框架，重新審視自己的內心與未來。

經歷過一段時間的努力與付出之後，計畫一次旅行是對生活的回饋，一個給自己的犒賞。生活是每個平凡日常的累積，其中讓人難忘回味的，往往是那些跳脫平凡的瞬間。摩洛哥——這個夢幻又遙遠的國度，帶給我的不僅是視覺的震撼，更是一次心靈的觸動。每次的旅行都提醒著我，人生不僅是時間的累積，更是一場場豐富有趣的體驗。

照顧父母，是一場通往未來自己的練習

最近，我的母親因為身體疼痛住進了醫院，經過檢查後確診為淋巴癌。醫生告訴我們，因為母親年紀不小，治療的決策變得格外困難。母親表面上總是說自己沒有任何遺憾了，但在每次和我們說話時，卻常常紅著眼眶，說著捨不得我們和孫子的話語。看著她這樣，我的心裡既痛苦又糾結。我不敢直接詢問她是否希望接受治療，卻深怕自己做出的每個選擇，可能辜負她真正的心意。

每天，我都在她的病床旁陪著守著，聽她細數生活中的回憶點滴，有時她笑，有時她卻無聲地流淚。這樣的過程讓我明白，照顧父母，不僅僅是幫助他們面對老去，也是一場深刻的生命練習。這段日子，不僅讓我看見母親內心的柔軟與堅韌，也讓我開始反思自己的老後生活，應該如何才能讓未來的日子過得更有尊嚴。

當我們開始照顧年邁的父母，或許從未意識到，這其實也是一場為自己未來老後生活的練習。在一次次幫助父母處理生活瑣事、陪伴他們面對病痛與衰老時，我們也會開始反思：老後的自己究竟會是什麼模樣？這份體會雖然沉重，但也帶著深刻的啟發。

為自己做好老後的準備

衰老是每個人都無法避免的人生過程，但我們卻常常選擇忽視它，直到它真正來臨時才發現自己的準備不足。因此我希望透過這份問卷，幫助大家及早檢視自己的準備程度，從心理調適、財務規劃、健康管理到人際關係等各個層面，逐步建立更有尊嚴、更安心的老後生活。

這份問卷不僅是一次簡單的自我評估，更是一個反思與行動的起點，目的是希望讓你看見自己目前的準備狀況，例如，財務安全是否足以支持未來的醫療需求？社交圈是否足夠強大，能讓你在人生後期不會孤單空虛？還有心理韌性是否足以讓你面對變化與失落？

一、了解父母需求與情緒

1. 當你觀察父母的老後生活時，最讓你擔心的是什麼？（可複選）
   - ☐ 身體健康狀況惡化（1 分）
   - ☐ 情感孤獨與社交圈縮小（2 分）
   - ☐ 失去自主性或生活控制權（2 分）
   - ☐ 成為子女或家人的負擔（3 分）
   - ☐ 其他 ____________________

     （視答案內容給 1-3 分）

2. 你是否曾與父母討論過他們的未來期望與需求？
   - ☐ 經常討論（0 分）
   - ☐ 偶爾討論（1 分）
   - ☐ 很少討論（2 分）
   - ☐ 從未討論（3 分）

3. 你是否擔心自己未來面對衰老的心理調適？
   - ☐ 非常擔心（3 分）
   - ☐ 有點擔心（2 分）
   - ☐ 不太擔心（1 分）
   - ☐ 完全不擔心（0 分）

二、財務規劃與老後自主性

1. 你是否已經開始為退休或老後生活做財務規劃？
   - ☐ 已經詳細規劃（0 分）
   - ☐ 有初步計畫但尚未執行（1 分）
   - ☐ 尚未開始規劃（3 分）

2. 以下哪項是你已經或計畫執行的財務準備？（可複選）
   - ☐ 定期儲蓄與投資退休基金（0 分）

□ 購買健康保險與長照保險（1 分）
□ 設立緊急預備金（1 分）
□ 建立遺囑或信託計畫（2 分）
□ 其他＿＿＿＿＿＿＿＿＿＿＿＿＿＿＿＿
（視答案內容給 0-2 分）

三、健康管理與延緩老化

1. 你目前是否有規律的健康習慣？（可複選）
□ 規律運動（0 分）
□ 健康飲食與營養控制（0 分）
□ 良好的睡眠習慣（0 分）
□ 定期健康檢查（1 分）
□ 其他＿＿＿＿＿＿＿＿＿＿＿＿＿＿＿＿
（視答案內容給 0-1 分）

2. 你是否有培養能夠延續到老年的興趣或活動？
□ 有，我已經開始進行相關活動（0 分）
□ 有興趣，但尚未開始（1 分）
□ 暫時沒有規劃（3 分）

四、人際關係與社交圈維持

1. 你是否有意識地經營社交圈，以減少未來的孤獨感？
□ 經常參與社交活動與團體（0 分）
□ 偶爾參與社交活動（1 分）
□ 很少參與社交活動（2 分）
□ 完全沒有社交活動（3 分）

2. 你會考慮參加以下哪些活動來擴展社交圈？（可複選）
□ 加入興趣社團或課程（0 分）
□ 參與志工活動或社會服務（0 分）

☐ 學習新技能或語言（1 分）
☐ 線上社群活動或論壇交流（1 分）
☐ 其他＿＿＿＿＿＿＿＿＿＿＿＿＿＿＿＿
（視答案內容給 0-1 分）

五、放手與減輕家人負擔

1. 你是否已經考慮或安排預立醫療指示（如 DNR 或安寧療護計畫）？
☐ 已經完成（0 分）
☐ 計畫中但尚未執行（1 分）
☐ 尚未考慮（3 分）

2. 你是否已經規劃遺囑或財務分配計畫？
☐ 已經規劃並完成文件（0 分）
☐ 有初步規劃但尚未正式文件（1 分）
☐ 尚未開始考慮（3 分）

六、心靈韌性與珍惜當下

1. 你是否經常記錄生活中的美好時刻（如寫日記、拍照等）？
☐ 經常記錄（0 分）
☐ 偶爾記錄（1 分）
☐ 很少記錄（2 分）
☐ 從未記錄（3 分）

2. 你是否透過以下方式培養心靈韌性？（可複選）
☐ 閱讀書籍與學習新知（0 分）
☐ 冥想或靜心練習（0 分）
☐ 宗教信仰與精神寄託（1 分）
☐ 親近自然與旅行放鬆（1 分）
☐ 其他＿＿＿＿＿＿＿＿＿＿＿＿＿＿＿＿
（視答案內容給 0-1 分）

分數分析與建議

0–15 分：準備充分型

你的準備已經相當完善，對老後的身心、財務與社交方面都有具體計畫。建議繼續維持現有習慣，也邀請你的朋友們跟你一樣建立這些好習慣與好心態。

16–30 分：積極規劃型

你已經開始思考老後生活的準備，但部分項目需要現在開始思考與行動，例如你的財務與醫療計畫，還有你要參加更多社交活動或學習興趣，減少未來的孤獨感，以及培養心靈韌性，如冥想或靜心練習，或是跟朋友到寺廟、教堂走走，也許可以提升心理穩定度。

31–45 分：需要加強型

你對老後的準備較為不足，可能會面臨較多心理或實際壓力。希望你立刻動起來儘快開始財務與健康規劃，發現自己的興趣社團或參加課程，建立穩定的人際圈。如果想要增加心靈活動，提升心靈韌性，寫日記也是一個馬上可行的好訓練。

46 分以上：高度風險型

你的準備明顯不足，可能對老後缺乏控制權與安全感。可能需要諮詢專業理財顧問，完成財務規劃與風險管理，還有需要強化身體健康與社交活動，逐步建立安全感與自信心，找機會深入討論預立醫療指示與財務安排。

我們相信，老後的幸福並非偶然，而是經過精心規劃與不斷調整的結果。透過這份問卷，你不僅可以評估目前的準備狀態，更能將這些思考轉化為行動，為自己打造一個更健康、更獨立、更充實的老後生活。

離別演習

這段照護的旅程，雖然充滿挑戰，但也讓人有機會提前學會如何面對老去的自己。我們所做的每一個選擇和準備，都是在為自己的未來打基礎。照顧好父母的同時，也請記得好好照顧自己，因為這本身就是一種最好的「練習」。

回到現實生活中，母親躺在病床上，屋內的氣氛靜得連呼吸聲都像在提醒時間的重量。她微微轉過頭，看著我，輕輕地笑了：「我已經沒有什麼遺憾了。」語氣平靜，卻帶著不易察覺的顫抖。這句話讓我的心一緊，彷彿聽見了在未來某個瞬間即將到來的告別聲。我不敢哭也不敢追問，只能輕輕握住她的手，像小時候她牽著我的那樣，緊緊地、不想放開。

有人說，照顧父母，是大齡兒女的一場離別演習。這句話刺痛了我，但的確是一個不得不直面的真相。當我們年紀漸長，父母的生命就像沙漏裡的細沙，正悄無聲息地滑落。而我們，既是旁觀者也是承接者，無法阻止也無法逃避。

勇敢迎接每一次演習

這些練習不僅讓我學習如何面對父母的老去，也是在思考我們如何優雅而有尊嚴地迎接自己的老後。

第一課「學會珍惜每一個當下」

母親常說她沒有遺憾，但她的眼淚卻出賣了她。她捨不得我們，捨不得孫子，捨不得那些還沒來得及參與的日子。我開始明白，「沒有遺憾」並不是真的無牽無掛，而是她選擇把這些眷戀藏起來，不留給我們太多的負擔。

這讓我開始重新審視和她在一起的每分每秒。聊天不再只是隨口敷衍，而是認真傾聽；散步不再是打發時間，而是記住每一次她的步伐和笑容。因為我知道，這些微不足道的時光，終有一天會成為我回憶中的珍寶。

第二課「學會與接受」

演習的困難，在於它不像真實的告別那樣有一個清晰的終點。它讓你日復一日地感受到失去的威脅，卻又得假裝一切如常。母親依然在，但她的身體已經無法負荷，吃得少也動得辛苦，更多的時間，她開始出現慮病症，擔心自己全身上下都有毛病。對於子女來說，母親個性的轉變讓人很難接受，也需要建立更強大的心理狀態來因應眼前的情況。

第三課「學會為自己留下空間」

照顧的過程，是一場情感的消耗戰。你以為自己為父母做了很多，卻常常忘記，自己也需要被照顧。我看到我妹妹把所有精力都放在母親身上，我一直很想跟她說：「不要為了照顧媽媽把自己累垮了，妳還有妳的生活。」

照顧母親的日子，讓我看到她的堅韌與脆弱，也讓我看到了未來的自己。還好，這一次只是演習，我躲過警報，我希望未來可以有比較長久的演習時間。

告別的真相：我跟孩子的練習

漫長人生中，每個人都無法避免離別的到來，但在演習中，我們必須學會用更深的愛去珍惜、接受，也要學會如何為自己留下一份完整的生活。這或許就是生命的意義——我們陪伴父母走完他們的路，同時為自己的路鋪下平坦的基石。

在我照顧媽媽的過程中，因為工作生活兩頭忙，我不僅走路跌倒，甚至還扭傷了腰。兒子很擔心我的狀況，我告訴他「我是如此擔心失去我的母親」，他回答我「我也擔心失去我媽啊」。於是後來，我們有一個母子的練習時光。

我問他：「如果我生病了，被宣告癌症末期了，你要怎麼辦？」

他回答：「先問一下醫生專業的醫療建議吧……」

我問他：「你會告訴我病情的嚴重性嗎？還是會跟我討論病情？」

他說：「會吧，你又不笨，應該騙不了你。」

接下來他說，自己會請一個月的長假，帶我出去玩，看我想去哪就去哪，想吃什麼就吃什麼，然後把你燒一燒、撒一撒、你就住在我心裡了……照片用哪一張隨你挑，要不要收禮？我想一下，我會記住不給別人看你死掉的樣子……

可能是因為我們曾經藉機聊過老後的問題，所以他習慣用玩笑性的話題，代替傷心敏感的話語。過去我習慣利用新聞事件或是朋友的經歷跟他討論，有一次我告訴他，如果我失智了，就把我送去安養院，不要影響他的生活，因為我告訴他：「我已經忘記你是我兒子了，你就隨便把我送去一個地方吧！」而他的回答是，「白癡喔，你不記得我，我還記得你啊！」又或者我曾問過他，什麼是我最幸福的死法？他也會說，「死在兒子懷裡」。因為當年父親正是在我的雙臂中告別人世，對此我心中還是有一種傷心的幸福感。

請問 ChatGPT

Q

我該怎麼告知母親關於生病的事實，了解媽媽真實的需求？

A

1. 坦誠溝通

選擇一個媽媽情緒較為穩定的時刻，坦率而溫柔地詢問媽媽的想法。

可以這樣開始：「媽媽，醫生告訴我們現在的情況，想了解您對治療的看法和希望。對您來說，什麼樣的選擇會讓您覺得最安心、最舒適？」

2. 了解她的價值觀與生活態度

請回憶或詢問她平時對生病、治療或生命的看法。例如，她是否曾提到「活得有品質比較重要」，還是「只要有機會就不要放棄」這類觀點。

如果她過去已經有「預立醫療指示」或「安寧緩和醫療」的偏好，那這將是重要的參考依據。

3.陪同醫療團隊討論治療方案

聽取醫師的專業意見，了解目前有哪些治療選擇（如化療、放療、支持療法），以及各方案的預期效果、副作用和風險。

醫療團隊的緩和醫療專家也能提供幫助，讓她做出符合自身狀況的決策。

4.考慮緩和療護（安寧治療）

如果她的身體狀況比較差，而且治療的效果有限，安寧療護是一個注重生活品質的選擇。這種療護強調舒緩疼痛、不適，讓病人在最後的日子裡有尊嚴地生活。

把孤單活成榮耀，樂享一個人的風景

我有兩個年長的好友，一位習慣一個人趴趴走，常常在LINE群組中分享自己的足跡，即使是上醫院看病一整天，他也可以炫耀自己是管理大師，總是可以順利完成任務，再搭免費公車回家。另外一位朋友，則是經常抱怨自己辛酸孤單的人生，因為先生已經過世，子女都在國外工作，雖然有外傭協助看病、照顧生活起居，但是她總是哀嘆自己的可憐孤單，就算有傭人陪伴一起用餐，也還是抱怨傭人不會使用QRCode。

年輕時，我們總是習慣在人群圍繞中找歸屬感，習慣有人陪著走、有人聽我們說話，吃飯時有家人在身邊，看病時有友伴同行。那時候，孤單彷彿是一種缺憾。然而，隨著年齡的增長，生命的風景變得逐漸不同，許多人不禁發現「一個人」的時候越來越多。

有人說：「一個人去看病，一個人去吃飯，真可憐！」但你是否曾經換個角度想過，這何嘗不是一種自由？一種強大的象徵？那些能夠自己行走、自己吃飯、自己看病的長輩們，或許一開始帶著一點辛酸心情，但時間久了，這樣的日子，也能夠被稱為一種榮耀。因為能夠一個人過生活，代表你仍舊掌控著自己的身體與生活。

科技帶來的學習與挑戰

很多長輩害怕「一個人」，不只是因為孤單，而是面對這個自己不熟悉的科技時代，內心充滿了不安。一個人到餐廳吃飯，店員說：「請掃 QRCode 點餐。」對年輕人再簡單不過的一句話，卻可能讓長輩手足無措。要去醫院掛號，櫃檯人員指著機器說：「這邊自助報到。」在那一瞬間，孤單不再只是身邊沒有人，而是整個世界突然變得陌生、不友善。

儘管科技發展迅速，但我們仍然能夠跟上時代的腳步，因為不斷學習正是活著最重要的意義之一。以下有幾個好方法來練習：

大膽開口尋求幫助

無論身在餐廳、醫院，還是市場，遇到困難的時候，不妨開口向身邊的人說一句：「不好意思，我不太會用這個，請問可以幫我嗎？」你會發現，很多年輕人、店員都願意協助你，因為他們懂得你的努力與勇敢。能夠開口求助，本身就是一種智慧與自信的表現。

找到熟悉的「練習場」

找幾家自己熟悉的小餐廳、商店或診所，慢慢練習以習慣他們的操作流程。因為自己和店家已經相當熟悉，工作人員多半會主動提供協助，甚至教你如何用機器點餐或報到。一次學不會沒關係，熟能生巧，每一步都是個小小的進步。

學會簡單的科技工具

我認為適應新科技並不用學會所有的東西，只要學會一些最基本科技工具，例如「掃QRCode點餐」或是「簡單的手機操作」，就已經能夠應對日常生活所需。現在許多地方都有免費的數位學習課程，你可以報名參加，或是請兒女、孫子女耐心教導，只要一點一滴學會這些事，就會發現科技並不可怕。

而且學會這些工具之後，也能增加和朋友、親人互動的機會，我的朋友就常常炫耀自己跟孫女是「網友」，因為他們都會用視訊，在網路上聊天、分享生活。

「一個人」的生活中，難免會遇到這樣那樣的小挑戰，但這也正是我們練習堅強、學習新東西的機會。當你學會了一個小小的技巧，當你成功地獨自完成一件事情，你會發現，那份成就感是無與倫比的。

當你可以「自己掃QRCode點餐」，這不是孤單，而是你學會了新時代的技能！

當你可以「自己掛號、自己看病」，這不是無助，而是你為自己的健康負起責任。

當你能夠「自己解決科技的小困難」，這不是壓力，而是在向這個世界宣告：「我持續成長學習，我依然能夠跟上時代。」

人生最後其實都是「一個人」，不需要去想自己是不是很悲哀，反而要將其視為一種力量。當你不畏懼科技，不害怕求助，慢慢學會一個人完成大小事，你就是自己的英雄。當你獨自一人坐在餐桌前，笑著說：「我也會掃QRCode點餐了！」這是你送給自己的掌聲。當你一個人踏出家門、掛號、看病，請記住：「每一步都是值得驕傲的勝利。」

我們可以把這些挑戰當成生命的練習題，一題一題慢慢解答。最後，你會發現：「一個人」的生活，也可以是無比光榮、無比豐盛的。將每一次「克服挑戰」的瞬間，變成生命中最美的風景，讓這份自由與驕傲，成為你頒發給自己的獎盃。

樂享AA的銀髮生活

世界衛生組織在二〇〇二年提出了「活躍老化（Active Ageing）」的概念，主張從健康、參與以及安全三大面向，提昇高齡者之生活品質。這項宣導的目的是要提醒我們：健康可以從一點一滴累積，生活的精彩也可以慢慢打造。即使到了需要看病吃藥的年紀，我們的生活也不能停下來，因為人生的後半場，依然可以光榮而精彩。

到了一定的年紀以後，身體開始需要一點醫療、藥物幫助，這是很正常的事。吃藥並不可怕，可怕的是停下腳步，拒絕出門，我知道有許多長輩因為看病吃藥，覺得自己的身體不再那麼「強壯」，因而開始抗拒出門。服用正規藥物並不是「認輸」，而是在照顧自己、讓身體變好，這並不意味著我們變成「病人」，而是為了維護健康，為更精彩的生活做準備。

「ＡＡ計畫」所倡導的概念，就是一點一滴、慢慢累積健康。每天從小小的運動開始，早上出門散步十分鐘、在家做伸展操、練習簡單的太極。經過一段時間慢慢累積，就會發現身體開始一天天變好。老後的日常生活中，更需要注意吃藥的規律，再加上健康的飲食習慣——多蔬果、少油鹽，就能讓藥物發揮最大效果，身體慢慢恢復活力。

除此之外，接受逐漸老去的現況，為自己安排更恰當的環境與習慣，打造從容的老後生活。視個人需求裝設扶手、防滑墊，一步步改善居家設計和擺設，為自己建立更加安全的居家環境。養成定期檢查、看病的習慣，慢慢累積健康資本，讓自己安心也讓子女放心。逐步規劃經濟事宜，合理安排自己的財務，將錢花在自己身上，讓晚年生活更多一份保障。

別擔心自己做得不夠快、不夠好，因為「ＡＡ計畫」的精神就在於慢慢累積，每天多走一步，就是進步。學會一樣新東西，就是成就。每天笑一次、出門一次，就是在打造更健康、更精彩的人生。而真正重要的是每天依然在努力、依然在前行。照顧好自己的健康，一點一滴慢慢累積力量。積極參與生活，一步一步把生活過得充實而快樂。堅持每一天的小努力，讓「活躍老化」成為我們送給自己的禮物。

外一章

時間交織出的愛與治癒

生命的傳承

在我的心肝寶貝離開我之後，北海福座就成為我心靈的寄託，每一年，我都在重要的日子，整理思緒，帶著他最喜歡的巧克力去看他。那是一場無聲的對話，也是一場靈魂的救贖。

最痛苦的是疫情來襲的時候，突如其來封鎖了所有道路，也封鎖了我前往他的路。我無法前去北海福座，也無法在那個特定的日子觸摸他逝去的痕跡。在那段日子裡，我的悲痛像被困住的野獸，不停地咆哮。家裡的每個角落都散落著他的影子，而我卻只能躲在房間裡悄悄流淚，深怕被家人看見我的脆弱。

就在我以為會永遠被困在這個深淵的時候，老天垂憐給了我生命的禮物——我的小孫孫。每一次看著他們的笑容，每一次聽到他咯咯笑的聲音，都像是一縷光照進我封閉已久的心靈。他不是我的小兒子，卻讓我想起那曾經熟悉的生命的重量。日子一天天過去，我的生活被這個小小的生命給填滿。我陪他玩、逗他笑，他的世界裡沒有悲傷，只有純粹的快樂，而我在這種快樂中逐漸淡忘了那份刻骨銘心的傷痛。

直到去年我突然發現，自己竟然有一段時間沒有去北海福座了。我內心無比愧疚，甚至責問自己怎麼可以忘記我的心肝寶貝。同一時間，我的手抓著兩個小孫孫，他們奮力想要掙開我的雙手，因為擔心他們剛會站立的小腳丫子會不小心跌下來，我手忙腳亂也無法繼續思考，一時之間，我驚覺他的離開是教會我要珍惜每一刻的相處，而我的小孫孫則讓我明白生命的延續是如何能夠讓痛苦轉化為溫柔一笑。

晚上，小孫孫留宿我的身邊，我看著他熟睡的身影，不禁想要在心中輕聲說道：「孩子，媽媽沒有忘記你，原來可以用另一種方式愛你。你一定會喜歡你的侄子，他有著和你一樣聰明好動的個性，會繼續走完你未曾走完的路。」

生命的來去帶來痛也帶來治癒。小孫孫的笑容常常提醒了我，無論有多少離別，愛永遠不會消失，它只會用不同的形式，繼續存在。

生活要在喜歡中找到快樂

當自己在職場走到一個高度，回過頭看人生種種的時候，我總覺得自己是一個獨立自主、目標明確的女性。這樣的我，習慣在生活中掌握一切步調，並堅守著一條不成文的底線：「我要做自己，我的時間屬於自己。」

在這個原則之下，帶孫子女，原本是我堅決不會觸碰的範疇。我總是想，自己的路走得夠辛苦了，孩子也已經長大成人，他們有自己的家庭，為什麼我還要退回到日復一日的瑣碎與責任當中呢？我始終相信，奶奶的角色應該是優雅的旁觀者，而不是義務的協助者。

但命運總有它奇妙的安排。早產的他們，承載了我所有的淚水與擔憂，我第一次看到我的小孫孫身上都是管子，他們安靜地待在加護病床上。每看一次心就痛一次，我每次都對他們呼喊，「快出院，奶奶來照顧你」。由於台灣的新生兒照護醫術高超，加上月子中心的照顧，兩個小生物展現了強大生命力，從最初只能餵食三c.c.的奶水，日復一日，他們帶著天生的純真與依賴開始成長，當他們漸漸張開眼睛，整個世界彷彿都因為這個動作而柔軟了下來。那一刻，我的心忽然間就融化了，所有的原則和距離，都變得不再那麼絕對。

我伸手抱起他，這個小小的人兒，他靠在我懷裡，發出安穩的呼吸聲。我才明白，有時候幸福來得很輕、很柔，不是因為誰強迫了誰，而是心底真正願意地開門接納。這一刻，不是「我應該做」，而是「我想要做」。

我希望「幫忙」是選擇，而不是義務。其實，兒子跟媳婦把孩子照顧得很好，有一回他們告訴我，「因為你們喜歡，我才帶回來給你帶。」但是他忘了，有好幾次是因為他們要參加同學婚禮，或是臨時加班才把孩子帶回來給我。這些年，我見過許多同齡人，為了帶孫子女而犧牲了自己的生活。有些人說這是「應該的」，是傳統家庭中的責任；有些人則是心不甘情不願，帶著疲累與抱怨，日子過得焦慮又壓抑。

可是在我看來，真正的幸福，不是咬牙去喜歡一件不情願的事情，而是因為發自內心的喜歡，而能夠找到快樂的事來做。當我願意陪伴小孫孫，這是因為他們讓我找回了內心深處的柔軟與愛，而不是因為外界的期待或壓力。如果有一天我累了、不想了，我也能夠坦然地說：「今天我需要休息。」因為我知道，自己的生活，也應該擁有選擇的權利。

我們這一代，走過了努力打拼、追求自我實現的人生階段，理應擁有選擇自己生活的自由。如果要幫忙帶孫子女，請記住以下三個要點：

❶ **釐清自己的界線**：幫忙不是一種責任，而是一種「可有可無」的愛的表達。任何時候你都應該記得，自己的人生和生活才是最重要。

❷ **優雅地拒絕**：適當地說「不」，才能讓關係更健康。你的拒絕不是冷漠，而是尊重彼此的生活界線。

❸ **找到共樂而非共累**：陪伴的時間應該是快樂的。讓自己喜歡上這個過程，才是最好的給予，而不是硬逼自己去迎合別人的需要。

保持親愛的距離

每次抱著小孫孫的時候，我都會再一次體認到，人生所有的角色轉換，都是為了讓我們重新認識自己。當我選擇在喜歡中找到快樂，幸福便成了水到渠成事。所以，帶孫子女這件事，如果你願意，那就抱著愛去享受；如果你不願意，那就學會優雅地堅守自己的界線。人生已經不易，何必再讓愛變成一種消耗呢？幸福，從來不是耗盡力氣去迎合，而是找到一種真正讓自己心安的方式去愛。

當我抱著小孫孫時，看著他們圓圓的小臉，內心總是歡喜悸動。但偶爾心情也會因為一些「不開心的小事」受到影響，比如連幫小孫孫取個小名都不被允許。

小孫孫出生之後，我盡量不介入兒子跟媳婦的生活，他們決定坐月子中心

（當然是我付錢）、決定要不要請保母、要不要自己帶。當然還有孩子的名字。只有小名以及外號，我覺得中間應該有個隙縫可以讓我有參與感，當時我跟好友開玩笑，小孫孫的外號一個取作拉圖（Latour）一個取作拉菲（Lafite），這是世界知名的兩大酒莊，這樣下次有人請我吃飯的時候，不管是帶拉圖或是拉菲，我應該都會很有面子，也會是「笑」果十足、賓主盡歡的場面。

正當我揚揚得意之際，兒子說，這樣奶奶是不是要叫「拉賽」？這句話聽起來像是玩笑，卻像是一根小針，輕輕地刺中了我內心的某個角落，一種微妙的失落感油然而生。明明是因為愛，想要表達自己的存在，卻被當作「越界」，得到不夠正面的回饋。那一刻，我心中多少有一點挫折，甚至想要反問兒子：「我難道不能有一點參與感嗎？」

但我心裡很快明白，這並不是一場誰對誰錯的拉鋸戰，而是一個新的學習機會。我學著退一步，把重心放回自己身上——因為，人生後半場最大的快樂，不來自於掌控，而是來自於釋放。

快樂，來自於重新找回自己的人生。我們總以為「付出」能換來成就感，但實際上，讓彼此都感覺輕鬆的愛，才是最美的陪伴。當我不再執著於「要插手什麼、要被認可什麼」，我發現，快樂反而變得純粹又真實。所以看著他們成長，安靜旁觀就已經足夠，我不再主動去取名字、選衣服、插手育兒觀點，反而成為一個溫暖的「後盾」。當孩子笑著奔向我、依賴我時，我發現，愛不需要證明，只需要自然流動。

接下來我知道要把時間還給自己，盡情享受自由與成就，我開始更專注於自己的興趣：讀書、旅行、與朋友聚會，甚至學習新的技能。我讓自己保持精神上的活力，而不是被責任感壓得喘不過氣。

在跟子女相處的時候，懂得放手，孩子才會更尊重你，當我學會退一步，孩子們反而會更願意和我分享他們的生活。因為我尊重他們的界線，他們也更尊重我這個「不強勢，卻很重要」的存在。

如果能夠了解最大的快樂，來自心境的轉換，那就不要再堅持，唯有參與所有細節才能證明「我們的愛」，不然一點小事都可能造成彼此內心的巨大負擔。但當我們學會放手，把愛轉化為「順其自然的陪伴」，那些細碎的失落感自然也會消失不見。

在帶孫子女的過程裡，我最大的快樂，來自兩個字：「平衡」。我既能在他們需要的時候，成為溫暖的避風港；也能在自己的時間裡，重新找回那個獨立、自由的自己。

這樣的我，不會因為不能取名字而感到遺憾，因為我的愛不需要多餘的標記。真正的幸福，不是把每一個空間都填滿，而是給彼此留白，讓愛自然生長。

愛，最美最愉悅的樣子，就是在尊重與釋放中找到自己的位置。

作者簡介

夏韻芬

知名財經節目主持人、作家，累積多年的報紙、電視、廣播、網路等媒體經歷，以及豐富的生活經驗，擅長用淺白易懂的語言，講述複雜、生澀的財經和人生議題，教導大家聰明理財、智慧生活、樂享人生的每個階段。

她的節目與演講深受大眾喜愛，除了透過專業能力帶給觀眾具有啟發性的內容，她對於各種人生課題的獨特思考，以及親切、富有同理的感性表達，也讓這些專業內容更具有溫暖人心的力量。

主要學／經歷

- 政大EMBA、輔仁大學社會系畢業
- 世新大學新聞系講師
- 中廣「理財生活通」節目主持人
- 鏡電視「財富新鏡界」節目主持人

著作

《夏韻芬的女人私房理財書》
《靠基金狠賺 3000 萬》
《薪光幫撈錢 100 招》
《基金私房學——換個腦袋買基金》
《請你跟我這樣賺——夏韻芬帶你看懂投資的祕密》
《找個理由來退休：夏韻芬富樂中年學》
《夏韻芬的說話課：建立獨特人設，不用改變個性，也能把話說得剛剛好，贏得信任，創造感動》

BIG 00451

夏韻芬樂享人生提案：迎向AI時代的全齡理財建議

作　　者──夏韻芬
編輯副總監──何靜婷
特約編輯──邱芊樺
封面設計──陳文德
內頁編排──王君卉
董 事 長──趙政岷
出 版 者──時報文化出版企業股份有限公司
一〇八〇一九台北市和平西路三段二四〇號四樓
發行專線（〇二）二三〇六六八四二
讀者服務專線　〇八〇〇二三一七〇五．（〇二）二三〇四七一〇三
讀者服務傳真（〇二）二三〇四六八五八
郵撥　一九三四四七二四　時報文化出版公司
信箱　一〇八九九　台北華江橋郵局第九九信箱
時報悅讀網──http://www.readingtimes.com.tw
法律顧問──理律法律事務所　陳長文律師、李念祖律師
印　　刷──勁達印刷有限公司
初版一刷──二〇二五年一月十七日
初版二刷──二〇二五年二月二十一日
定　　價──新台幣四百八十元

時報文化出版公司成立於一九七五年，
一九九九年股票上櫃公開發行，二〇〇八年脫離中時集團非屬旺中，
以「尊重智慧與創意的文化事業」為信念。

夏韻芬樂享人生提案：迎向AI時代的全齡理財建議／夏韻芬著．
-- 初版．-- 臺北市：時報文化出版企業股份有限公司，2025.01
面；　公分．-- (BIG；451)
ISBN 978-626-419-176-0(平裝)
1.CST: 理財 2.CST: 投資 3.CST: 人工智慧

563　　113020284

ISBN 978-626-419-176-0
Printed in Taiwan